Gisela Fleig-Harbauer

Der japanische Garten –
Wege zu moderner Gestaltung

Gisela Fleig-Harbauer

Der japanische Garten – Wege zu moderner Gestaltung

Fotos: Volker Harbauer

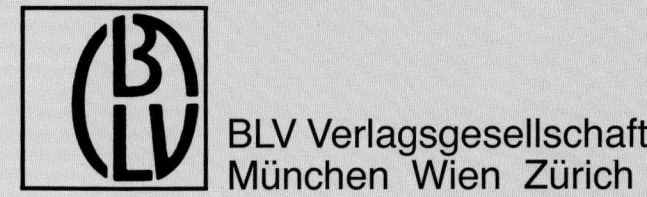

BLV Verlagsgesellschaft
München Wien Zürich

CIP-Kurztitelaufnahme der Deutschen Bibliothek

Fleig-Harbauer, Gisela:
Der japanische Garten – Wege zu moderner
Gestaltung / Gisela Fleig-Harbauer.
Fotos: Volker Harbauer. – München; Wien;
Zürich: BLV Verlagsgesellschaft, 1981.
  ISBN 3-405-12171-X

NE: Harbauer, Volker:

Zeichnungen: Barbara von Damnitz, München

Satz und Druck: Georg Appl, Wemding
Buchbinder: R. Oldenbourg, München

Printed in Germany · ISBN 3-405-12171-X

Inhaltsübersicht

Einführung

Im Laufe der Geschichte sind viele Kunstrichtungen entstanden und wieder vergangen. Häufig haben sie sich durch den Anstoß anderer Kulturen entwickelt oder wurden zumindest dadurch beeinflußt. Der Handel der Völker untereinander und oft auch Eroberungszüge brachten einen stetigen Fluß von Kulturgütern und Kunstgegenständen seit dem Altertum. So wäre die europäische Kunstentwicklung undenkbar ohne diese weitertreibenden Einflüsse.

Auch die japanische Kunst wurde von außen geprägt, hauptsächlich von China und Korea, die wesentliche Entwicklungstendenzen in der japanischen Kunst hervorriefen.

In Europa sind seit etwa der Mitte des 19. Jahrhunderts auch die Einflüsse Japans spürbar geworden. Mit der Zeit waren sie in der Lage, nicht nur eine kurzfristige Modewelle auszulösen, sondern der europäischen Literatur, der Malerei, der Baukunst und auch der Gartengestaltung entscheidende Impulse zu vermitteln.

Im Auseinandersetzen mit fremden Kunstwerken, dem Erforschen ihrer Auffassung, ihrer Entstehung und vor allem der Arbeitsweise der fremden Meister, wurden unseren Künstlern Inspirationen zuteil, die sie zu neuen Schaffungswegen führen konnten. Mit jedem Kunstwerk verbinden sich Wesen und Gedanken des Lebensgefühls einer Epoche.

Auch in der klassischen japanischen Gartenkunst äußert sich die Lebensanschauung eines Volkes. Damit verbinden sich Gedanken, Vorstellungen und Ideen, die wir lernen müssen zu verstehen, um den Inhalt und das Wesen, die in einer gestalterischen Komposition oder einem symbolischen Bild zur Aussage kommen, erkennen zu können.

Von unserem Standpunkt aus, unserer Auffassungsart und unserer Zeit müssen wir versuchen, im Vergleich unserer Gartenkunst mit der japanischen, Werte zu finden, die für die moderne europäische Gestaltung von Bedeutung sind. Dabei dürfen wir nicht in blinde Nachahmung verfallen und uns mit Stilregeln und -gesetzen einer uns fremden Vergangenheit abfinden.

Wir müssen vielmehr nach Interpretationsformeln suchen, die uns zu einer Weiterentwicklung führen und neue Gestaltungsperspektiven zu eröffnen vermögen.

Nur mit dem richtigen Übersetzungsmodus lassen sich die Motive und Elemente der klassischen japanischen Gartenkunst so übertragen, daß wir sie in unsere moderne Gestaltung aufnehmen können.

Garten des Byodo-in-Tempels in Uji (Heian-Zeit).

Die Gestaltung des japanischen Gartens – im Spiegel seiner Entwicklung

Der japanische Garten erscheint uns oft als ein faszinierendes, jedoch fremdartiges, in sich komplexes und schwer zu differenzierendes Bild. Er begeistert uns zwar, spricht unsere Emotionen und unser gestalterisches Empfinden an, doch vermögen wir selbst ihn kaum zu verstehen und zu erklären.

Die natürliche Schönheit, die aus sich selbst wirkende Ausdruckskraft, sowie die künstlerisch meisterhaft erarbeitete Vollkommenheit, die ein schöpferisches Werk, wie der japanische Garten ausstrahlt, muten den Betrachter nur allzuoft als selbstverständlich an. In seiner perfekten Komposition läßt er meist nicht wissen und nicht einmal erahnen, welche Regelhaftigkeit und Präzision hinter jedem seiner natürlich und zufällig wirkenden Formenkomplexe liegen. Stimmungsbilder, wie sie gerade den japanischen Garten prägen, sind wohl kaum auf Zufälligkeit gegründet. Sie können nur durch ein bewußt angelegtes System von ineinander verwobenen Absichten, seien sie gestalterischer, emotionaler oder philosophischer Natur, diese Harmonie und Ausgewogenheit erreichen. Im Laufe der Zeit haben sich in der japanischen Gartenkunst unzählige Regeln und Formeln herausgebildet. Von Generation zu Generation weitergegeben und verfeinert, bestimmten sie maßgeblich die Gestaltung.

Wie die westliche Gartenkunst, hat auch der japanische Garten eine Reihe von Perioden durchlaufen, die sich direkt auf das Werden seiner wesentlichen Gestaltungsformen bezogen. Auch er war einer genau nachvollziehbaren Entwicklung unterworfen, in der sich unter verschiedenen Einwirkungen charakteristische Stilelemente abzeichneten, die sich eindeutig entsprechenden Epochen zuordnen lassen. Einflüsse durch fremde Kulturen, Religionen und Veränderungen der Machtverhältnisse im Lande selbst, haben in der japanischen Gartenkunst zu neuen Entwicklungen geführt und entscheidende Impulse gegeben.

Sieht man diese Zusammenhänge in ihrem unmittelbaren Einfluß auf das Entstehen von Stilformen und Gestaltungsrichtungen, so fällt es leichter, den japanischen Garten begreifen und werten zu können.

Über das Anlegen von Gärten aus früher vorbuddhistischer Zeit ist nur sehr wenig bekannt. Doch durch die mit dem Glauben verhaftete Naturverehrung sollen die Japaner auch damals schon dazu geneigt haben, sich Natur und Landschaft im Garten zu vergegenwärtigen. Im Zusammenhang mit der Annahme des Buddhismus im 6. Jahrhundert n. Chr. ergeben sich Hinweise aus überlieferten Erzählungen, wie die Gärten infolge des großen chinesischen Kultureinflusses, der sich auch in der Gartengestaltung niederschlug ausgesehen haben. Anfangs wurden sie völlig nach chinesischem Vorbild gestaltet. Viele Elemente aus dem chinesischen Garten, wie zum Beispiel die rote Bogenbrücke, waren von großer Beliebtheit und wurden immer wieder als Gestaltungsmotive aufgegriffen.

Noch in der Nara-Zeit (710–794) waren die Gartenanlagen in einer Stilrichtung gehalten, die damals auch in China beliebt war. Es vollzog sich eine Absorbtion der chinesischen Gartenkunst, wie sie sich in anderen Kunstrichtungen ebenso nachweisen läßt. Doch vermochten es die Japaner im Laufe der Zeit, trotz des chinesischen Ursprungs eine vollkommen eigenständige Gestaltungsrichtung zu schaffen.

Auch in den großen Gärten der Heian-Zeit (794–1185) bleibt die Beeinflussung durch die chinesische Gartenkunst ablesbar. Die Bedeutung der damaligen Anlagen läßt ein wenig an die Rolle denken, die der Garten an den europäischen Fürstenhäusern während der Barockzeit spielte. Sie galten als Orte der Repräsentation, in denen sich das gesellschaftliche Leben des Adels abspielte. Prachtvolle Feste, bei denen Musik und Dichtkunst

Ruhe und Abgeschiedenheit spiegeln sich im Saiho-ji-Tempelgarten (Kamakura-Zeit).

zur Unterhaltung beitrugen, wurden ab-
gehalten. Im Gegensatz zu späteren Anlagen waren diese Gärten hell, lebendig
und farbenprächtig gestaltet. Dominie-
rendes Element war der Teich, der auch
in der weiteren Entwicklung des japanischen Gartens von Bedeutung sein wird.
Eine alte Zusammenfassung aus dieser
Epoche, das »Saku-tei-ki«, gibt in Regeln
und Hinweisen genaue Angaben über
Anlage und Gestaltung der damaligen
Gärten. Diese Schrift vermittelt uns
exakte Vorstellungen über die Verwendung und Handhabung der wichtigsten
Gestaltungselemente und ist als eine
grundlegende Abfassung über die Konstruktion japanischer Gärten anzusehen. Diese Art der Gestaltung blieb vor-
herrschend bis in die Kamakura-Zeit
(1185–1392). Im mächtig werdenden
Einfluß des Zen-Buddhismus jedoch
wurden die bunten Gärten der Heian-
Ära abgelöst durch friedvolle beschauli-
che Anlagen, die der Meditation dienen
sollten. Die Gestaltungsmotivation, aus
der diese Anlagen entstanden, kehrte sich
ab von der Pracht der Heian-Gärten. Sie
waren nicht mehr dem geselligen Hof-
leben und üppigen Festlichkeiten bestimmt, sondern der Ruhe und Einkehr.

*Steine, Wasser und Pflanzen verschmelzen zu
einer Einheit.*
Tenryu-ji-Tempelgarten (Kamakura-Zeit).

10

Es wurden stille, ruhige Bezirke angelegt, deren Hauptelemente aus Wasser, Steinen und immergrünen Pflanzen bestanden. Garten und Zen standen in enger Verbindung, und oft waren die Zen-Priester auch zugleich Gartenarchitekten. Ihre Gestaltungsweisen richteten sie direkt nach den Bedürfnissen der Zen-Meditation aus. Nichts sollte den Meditierenden von seiner Aufgabe ablenken. Kein unruhiges Farbspiel, keine bunten Blüten störten die Meditation des Priesters. Ganz entscheidend hat sich die Bauweise und Konstruktion der buddhistischen Zen-Tempel auf die Anlage der Gärten ausgewirkt. Dies hatte das Entstehen einer neuen Gartenform in der Muromachi-Zeit (1392–1575) zur Folge. Der Garten wurde so angelegt, daß er den Wohnräumen der Priester vorgelagert war. In seiner Gestaltung war er für die Betrachtung von bestimmten Orten aus eingerichtet. Vom Gebäude her gesehen mußte der ganze Garten erlebbar sein. Die Blickrichtung des Betrachters bezog sich dabei meist aus einer knienden Stellung vom Boden des Wohnraumes oder der Veranda auf die Anlage. So öffnete sich der Garten dem in Meditation Versunkenen, beim Zurückschieben der papierbespannten Türen, wie ein Bild. Durch die Art ihrer Anlage bedingt, waren diese Ansehgärten nicht begehbar. Die bei dieser Gestaltungsweise erforderliche Begrenzung wurde durch eine Mauer oder durch das Anschütten eines Walles erreicht. Zur Innenseite des Gartens war er als Hügellandschaft mit Steinen, Büschen und Bäumen gestaltet. Häufig wurde der Betrachtungsgarten als Teich-

garten mit Wasserflächen, Inseln, Brükken und einer als Hügellandschaft ausgebildeten Modellierung angelegt, die den abschließenden Rahmen darstellen sollte. Er konnte aber auch als Trockenlandschaftsgarten gestaltet werden. Der räumliche Abschluß war hier durch eine Hecke oder eine Mauer gegeben.
Im Ausdruck seiner Gestaltung war gerade der Trockenlandschaftsgartenstil für den Typ des Ansehgartens von großer Bedeutung. Mit wenigen Elementen wurden Naturformen umrissen, wobei allerdings ein im japanischen Garten sonst unentbehrliches Gestaltungsmittel, das Wasser, fehlte. An seiner Stelle standen Sand oder Kiesel. Doch auch damit gelang es, Teiche, Flüsse, Bäche und Wasserfälle zu verdeutlichen. Vegetation war nur in geringem Maß vorhanden. Auch

Steinsetzungen im Trockenlandschaftsgarten des Tempels Ryoan-ji, Kyoto (Muromachi-Zeit).

Garten des Kinkaku-ji-Tempels, Kyoto (Muromachi-Zeit). ▶

*Eine prachtvolle Anlage –
der Sambo-in-Tempel-
garten in Kyoto
(Momoyama-Zeit).*

hier tauchten Berge, Inseln und Wasser
auf, jedoch übertragen in eine Formensprache mit symbolischem Gehalt. Gerade in der Betonung besonders typischer
Naturformen erhielt der Garten eine ungeheure symbolische Aussagekraft.
Für den Japaner ist der symbolische
Wert oftmals bedeutungsvoller als das

real verwendete Motiv. Die Bedeutung
der dargestellten Formen auszulegen,
bleibt jedoch der Phantasie des einzelnen
überlassen, der bei der Betrachtung seine
eigenen Gedanken und Vorstellungen
entwickeln soll.
Neben diesen stillen, friedvollen, auf Ruhe ausgerichteten Gärten wurden weiter-

*Einfachheit und Natür-
lichkeit – das Gestaltungs-
prinzip der japanischen
Teegärten.
Omote-Senke-Teegarten,
Kyoto.* ▶

14

hin große und prächtige Anlagen geschaffen, wie der Garten des Kinkakuji
als Beispiel zeigen soll.
Von der Ruhe und Einfachheit der Zen-
Gärten änderte sich das Kunstempfinden
wieder mehr zu Farbe und Pracht, die
den Stil des Herrschertums reflektierte.
So bestimmten prachtvolle Palastbauten

mit großen Gartenanlagen auch die Mo-
moyama-Periode (1573–1603). Eine berühmte Anlage aus dieser Zeit gehört
zum Sambo-in-Tempel in Kyoto.
In dergleichen Epoche bildete sich neben
den prunkvollen Palastgärten eine Gartenform heraus, die durch Zurückhal-
tung und Einfachheit gekennzeichnet

*Steinlaterne und Wasser-
becken im Teegarten des
Rikugi-en, Tokyo.*

Garten der Villa Katsura (Edo-Zeit).

war – der Teegarten. Ein abgeschlossener, stiller Bereich, dessen Gestaltungsabsicht weit entfernt lag von Zurschaustellung und Pracht.

Er wurde speziell dazu eingerichtet, um die Gäste auf die Teezeremonie einzustimmen und hatte, dem Ziel der Teezeremonie unterworfen, genau festgelegte Funktionen zu erfüllen. Seine Wirkung sollte natürlich und bescheiden sein. Nur das Spiel des spärlichen Lichts zwischen immergrünen Pflanzen brachte ein wenig Bewegung in den schattigen Bezirk.

Ein einfacher Zaun oder eine Hecke trennten den Teegarten von den übrigen Gartenbereichen. Auf gewundenen Pfaden, an einer Folge von Gartenszenen vorbei, wurden die Gäste in den inneren Teegartenbereich geleitet, in dem sich das Teehaus befand. Vorher wurden oft Steine und Erde mit Wasser besprengt, um dem Garten einen taufrischen, reinen

17

Ausdruck zu verleihen. Die herabgefallene Blüte einer Kamelie, gezielt an einer besonderen Stelle placiert, unterstrich die vollendete Schönheit.
Die Gestaltungselemente des Teegartens haben sich auch auf die übrigen Gartenformen ausgewirkt. So wurden Elemente wie Steinlaternen, Wasserbecken und Trittplatten, die aus funktionellen Gründen Verwendung fanden, übernommen. In der Edo-Zeit (1603–1868) entstanden viele berühmte Anlagen, die meist von

Der berühmte Fürstengarten des Ritsurin, Takamatsu (Edo-Zeit).

immenser Ausdehnung waren und von Fürsten und wohlhabenden Bürgern angelegt wurden. Es waren Areale, die von einem weiten Wegesystem durchzogen waren, das mehrere Gartenbereiche miteinander verband. Für den Dahinschrei-

tenden enstand auf diese Weise ein Gefüge von Gartenszenen, die in Harmonie und Einheit wirkten. Folgte man den Pfaden, so öffneten sich von bevorzugten Punkten aus immer wieder neue, faszinierende Bilder, die in der Vielfalt ihrer

Die Verbundenheit der
japanischen Garten-
gestaltung mit der alten
Tradition verdeutlicht der
Innenhof eines Hotel-
gartens in Atami.

*Moderne Gestaltungs-
motive erinnern an alte
japanische Vorbilder:*

Oben:
Ikenobo Building, Kyoto

Mitte:
Kasamatsu Sport Park,
Mito

Unten:
Expo 70, Osaka

Gestaltungsmotive von besonderem Ausdruck waren. Hügellandschaften, Wasserfälle, Bäche und Rinnsale wechselten sich ab und verdeutlichten zugleich die Gegenwart der Natur. Über Wege, Pfade und Brücken erreichte man verschiedene Teehäuser, die im Garten untergebracht waren. Der Teich mit seiner gewundenen Uferlinie bildete das zentrale Element. Nachdem sich im 19. Jahrhundert die Kultur des Westens in Japan auszubreiten begann, gewann auch der Stil der europäischen Gartenkunst wachsenden Einfluß auf die Ausdrucksweisen der japanischen Gartengestaltung.

Dadurch entstanden Formen, die neue Ideen aufnahmen und sie teilweise mit Vorhandenem vermischten.

Doch wie es schon am Beispiel des chinesischen Gartens deutlich wurde, nahmen die Japaner das fremde Motiv auf und verarbeiteten es im Laufe der Zeit zu einer eigenständigen Aussage.

Die japanische Gartengestaltung hat viele neue Anregungen aufgenommen, doch hat sie sich die alte Tradition bewahrt und ist überlieferten Vorbildern bis auf den heutigen Tag verbunden geblieben. Obwohl man jetzt mit anderen Formen, neuartigen Materialien und Techniken arbeitet, wird selbst in modernen Gestaltungen das Wesen der ursprünglichen Formgebung deutlich.

So zeigt auch eine Steinbrücke, in strengen, klaren Formen gearbeitet, eine Gestaltungsform, die aus den historischen Brückenformen entstanden ist. Vielfach sind in modernen Gärten einfache, in rechteckiger Form behauene oder gesägte Trittsteine zu finden, die in ihrer Ge-

staltungsidee den Motiven der Trittsteine in alten Tempel- oder Palastgärten entsprechen. Die neuen Formen sind geradlinig und oftmals maschinell gefertigt. Das Material besteht zwar aus Beton, doch erinnert uns die Ausgewogenheit des Motivs an seine Vorbilder.

Auch das Prinzip der Steinsetzungen findet sich heute beim Kombinieren von Steinen zueinander.

So entstehen viele Gärten, die auf den alten Formen basieren und nach überlieferten Regeln gestaltet sind. Der japanische Gartenarchitekt lebt und arbeitet im modernen Fortschritt, doch achtet er die hohe Vollendung der überlieferten Kunst, die ihm die Grundlage seines Schaffens geblieben ist. Er mißt die übernommenen Richtlinien mit gegenwärtigen Maßstäben und versucht durch Übersetzen der klassischen Elemente den Ansprüchen eines modernen Volkes und den Dimensionen einer neuen Zeit gerecht zu werden. Man sucht nach der Synthese zwischen gewachsener Tradition und neuen Bedürfnissen. So ist die klassische japanische Gartenkunst auch heute noch von großer Bedeutung und bleibt in ihren Grundzügen auch in der modernen Gartengestaltung für uns erkennbar.

Der japanische Garten erweist sich bei näherer Betrachtung also nicht als starres, klar vorgeschriebenes Werk, das von Anfang an in seiner heutigen Form bestanden hatte. Vielmehr zeigt sich gerade an seinem Beispiel das seltene Phänomen, daß ein und derselbe Grundgedanke, nämlich die Darstellung der Natur, im Laufe der Zeit verschiedene Stilrichtungen durchlaufen konnte, ohne sein eigentliches Wesen zu verlieren.

Während dieser Entwicklungen begünstigten die verschiedenen Einflüsse sogar das Entstehen eigener Ausdrucksformen, die für die entsprechende Epoche spezifisch waren.

Die größte Veränderung erfährt diese Jahrhunderte alte Tradition erst in neuerer Zeit, in der moderne Gartenarchitekten versuchen, die Baustoffe unseres Jahrhunderts in das Prinzip des japanischen Gartens einzubauen.

Schon viele bedeutende Gartenarchitekten haben richtungsweisende Arbeiten dieser Art geschaffen. Es bleibt zu hoffen, daß ihnen im Kompromiß zwischen Tradition und Moderne die Synthese gelingt.

Flußlandschaft

Das Gleichnis von Harmonie und Wille –
über Wesen und Inhalt des japanischen Gartens

Natur und Garten

Das Wesen der japanischen Landschaft und ihre Eigenheiten waren für die japanische Kunst seit altersher ein zentraler Themenkreis.

Schon in frühester Zeit beschäftigten sich Dichter und Maler mit der Beschreibung und Darstellung von Landschaft und Natur.

Die tiefere Ursache dafür mag wohl darin zu suchen sein, daß, bedingt durch den vulkanischen Ursprung und die Lage der japanischen Inseln selbst, dem Volk die Machtlosigkeit und Abhängigkeit des Menschen gegenüber der Natur besonders deutlich spürbar waren. Aus dem Bewußtsein um die Geringfügigkeit des Menschen und seines Willens vor den Urgewalten ist eine tiefe Ehrfurcht vor der Natur erwachsen. Sie ist dem Japaner immer ein unmittelbarer und allgegenwärtiger Partner gewesen.

Vulkanexplosionen und Erdbeben gehören in Japan genauso zum täglichen Leben wie immer wiederkehrende Taifune und lange Regenzeiten. Diese enge Verflechtung mit der Natur ließ im japanischen Volk ein sensibles Empfinden für die Schönheiten der heimischen Insellandschaften entstehen. Die Weite des Meeres mit seinen unzähligen zerstreuten Inseln ist ebenso oft Thema der Künstler, wie die Beschreibung der zerklüfteten Berglandschaften mit ihren reißenden Bächen und Wasserfällen.

Sogar der Wechsel der Jahreszeiten wird dem Japaner alljährlich zu einem tiefempfundenen Naturschauspiel.

Es beginnt mit dem Aufgehen der Kirsch-

Charakteristische japanische Landschaft – die Inlandsee.

blüten, die das Land in ein Blütenmeer verwandeln, und endet mit dem Fallen der Blätter im Herbst, die Berge und Wälder mit leuchtenden Farben überziehen. Die Begeisterung für dieses Geschehen ist so groß, daß es oft zum Inhalt von Malerei und Dichtung wird.

Dieser starke Naturbezug kommt in der ursprünglichen Religion Japans, dem Shintoismus, deutlich zum Ausdruck. Denn es sind gerade die Naturelemente wie Berge, Flüsse und Bäume, die zum Gegenstand der religiösen Verehrung werden.

Später kam mit dem Eindringen des Buddhismus eine Glaubenslinie nach Japan, die nach den Lehren Buddhas die Weltanschauung entscheidend mitbestimmte. Durch die tiefgehende Verbun-

Motive der japanischen Landschaft inspirierten die Gestaltung der Gärten:

Ein kahler Stein im Sandfeld eines Trockenlandschaftsgartens (oben). Gyokudo-Museumsgarten.

Felseninsel im weiten Meer.

*Steine im Wasser –
typische Elemente der
japanischen Landschaft.*

denheit mit dem Glauben ist auch die
Funktion des Gartens und die Wahl seiner Gestaltungselemente maßgebend beeinflußt worden. Im Garten zeigt sich
deutlich eine Synthese zwischen der Fähigkeit des Japaners, Naturschönheiten
nicht nur zu erkennen, sondern ihnen
durch eigenen Gestaltungswillen ästhethischen Ausdruck zu verleihen. Die Voraussetzung hierfür resultiert aus den religiösen Einflüssen shintoistischer Naturverehrung und einem buddhistischen
Weltbild sowie der sich daraus ergeben-

den Betrachtungsweise seiner Umwelt.
Viele Elemente des japanischen Gartens
sind nach den typischen Eigenheiten, die
die Natur entstehen ließ gestaltet und
drücken so die Charakteristika bestimm-
ter Naturformen aus.
Schon im »Saku-tei-ki«, den alten An-
merkungen zur Gartengestaltung, wurde
darauf hingewiesen, daß die Gärten den
Eindruck einer natürlichen Landschaft
widerspiegeln sollen. Außerdem wurde
verlangt, daß man die berühmten und
schönen Landschaften im Lande studie-

*Die Verwendung von
Steinen nach dem Vorbild
der Natur*

*in einer Teichfläche
(oben),
Tenryu-ji, Kyoto,*

*im geharkten Sandfeld
(unten),
Myoken-ji, Kyoto.*

ren soll, um ihren Ausdruck zu beherr-
schen. Daher versuchte der japanische
Gartenmeister den Inhalt und die Stimmung, die ein Landschaftsmotiv be-
schreiben, zu erfassen, um es in seinen
Grundzügen im Garten festzuhalten.
Inseln im Meer, Steine im Wasser und
bizarr über Felsen wachsende Bäume
sind nur ein paar der unzähligen Motive,
die den japanischen Garten inspiriert haben. Überall begegnet man Bildern der
Natur, die, zum Teil sogar bewußt, besonders ausgeprägte Landschaftsteile
zum Vorbild hatten. Oft aber sollten sie
nur die Eigentümlichkeit einer japanischen Landschaft wiedergeben.
Dies gelang sowohl durch die reale Darstellung der Natur mit Hilfe von Steinen,
Wasser und Pflanzen, als auch durch die
symbolische Wiedergabe der Elemente,
wie zum Beispiel das Ersetzen von Wasserflächen durch Sandfelder, die in ihrer
Wirkung den beabsichtigten Effekt noch
steigerte. Trotzdem entwickelte sich
keine Kopie der Landschaft, sondern ein
künstlerischer Ausdruck, der über das
real Existierende hinausgeht. Das ursprünglich und zufällig Entstandene
wurde zu einem vom Menschen geschaffenen, nach seinem Willen geformten
Werk gestaltet.
Sehr oft war es auch die Tuschmalerei,
die Anregung, ja sogar Ausgangspunkt
für die Gestaltung eines Gartens war.
Viele ihrer Darstellungen hatten als ideal
empfundene Landschaftsteile zum Vorbild. Es ging dabei vor allem darum, die
Elemente herauszustellen, die den Reiz
eines Motives ausmachten. Nebensächli-
ches blieb meist unerwähnt und wurde

Darstellung einer Landschaft in der Tuschmalerei.

bewußt weggelassen. Die Wiedergabe des essentiellen Ausdrucks zeigt ein wichtiges Stilmerkmal japanischer Kunst.

Auch im Garten reichten wenige Elemente aus, um die Stimmung einer ganzen Landschaft einzufangen. Nicht das naturgetreue Nachempfinden macht die Ausdruckskraft eines Gartens oder Tuschbildes aus, sondern vielmehr das bewußte Vernachlässigen von schmükkendem und wohl auch störenden Beiwerk, das vom eigentlichen Inhalt nur ablenken würde.

Die Weiterführung dieses Prinzips hat in seiner letzten Steigerung den leeren Raum als Gestaltungsmotiv zur Folge. Besonders im Trockenlandschaftsgarten ist die Gestaltung mit der leeren Fläche bedeutend. Bekannt geworden sind dadurch jene Gärten wie zum Beispiel der Ryoan-ji, in denen von Mauern begrenzte Sandflächen nur von vereinzelten Steingruppen unterbrochen werden. Den Höhepunkt erfährt diese Gestaltungsweise in einem Tempelbezirk in Kyoto, in dem der Garten einzig durch eine weiße Sandfläche dargestellt wird.

28

Gestalten mit Steinen

Betritt man einen japanischen Garten, so ist man immer wieder begeistert von der Vielfalt der Farben und Formen, in der Steingruppen und Einzelsteine auftreten. Eine ausgesprochene Vorliebe der Japaner für bizarr geformte Steine mit schöner Maserung und Farbe hat viele Gärten berühmt gemacht.

Ob im Bergland zerklüftete Felsformationen zutage treten, in der Ebene geschiebeführende Flüsse Geröll ablagern oder in Küstenregionen sich Steilwände dem Meer entgegenstellen und kahle Felsbrocken ganze Insellandschaften bilden – überall wird die Landschaft vom Element Stein entscheidend geprägt. So ist gerade der Stein zu einem Gestaltungsmotiv geworden, das zu den grundlegenden Baustoffen des japanischen Gartens gehört und ihn in seiner konstruktiven Funktion schwerpunktartig festlegt.

Schon in alter Zeit waren Steine bedeutende Naturelemente, die sehr verehrt wurden. In diesem Steinkult galten sie als Symbol für Ewigkeit und Beständigkeit, für Kraft und Stärke. Besonders beliebt waren Steine, deren rauhe Oberfläche sich im Laufe der Zeit mit Moos überzogen hatte. Diesen verwitterten, überwachsenen Steinen haftete besonders der Eindruck des immer schon Dagewesenen an. Man bevorzugte vor allem Steine in dumpfen, gedeckten Tönen und vermied laute, grelle Farben, die nicht in die Konzeption der Anlagen paßten.

Zur überzeugenden Verwendung von Steinen im Garten war es wichtig, den Habitus und die Richtungstendenz ihrer Form richtig einschätzen zu können. So haben sich im groben fünf Grundtypen herauskristallisiert, die in den meisten Steinarrangements zu finden sind.

Die fünf Grundtypen der Steine.
Dazu ein asymmetrisch angeordnetes Steinarrangement mit ungleichschenkligem Dreieck als Grundlinie.

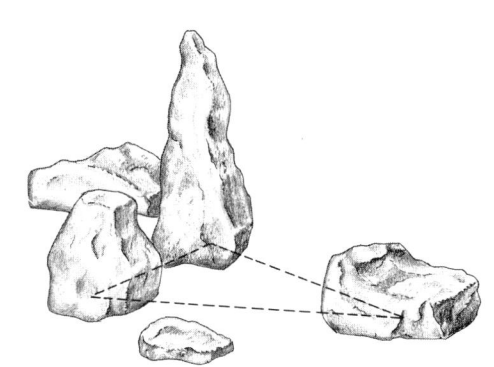

Ein hoher, schmaler Stein von dominanter Form, der oft als betonendes Element in Steingruppen auftaucht, sowie ein niedriger, aber ebenso aufrechter Stein finden in vertikal stehender Position Verwendung. Die ergänzenden Elemente zu diesen aufstrebenden Formen werden durch niedrige, gedrungene Steine dargestellt oder durch flache Formen, die auch als Trittsteine verlegt werden können. Eine weitere Form sind die nach rechts oder nach links gebogenen Steine, die meistens stützende und stabilisierende Funktion haben.

Die Bedingungen, nach denen die Einzelsteine für ein Steinarrangement ausgesucht und gesetzt wurden, hingen mit der in der japanischen Kunst häufig angewandten Darstellung eines aktiven und eines passiven Elements zusammen. Dies rührt aus der Überzeugung, daß sich die Natur sinnbildlich auf zwei sich ergänzende Pole reduzieren läßt, von denen der eine positiver und der andere negativer Art ist. Diese beiden Wesensformen werden in der japanischen Kunst immer wieder in der gleichen Art und Weise ver-

deutlicht: das Aktive als herrschendes Element in aufrechter, stehender Form, das Passive als untergebenes Element in flacher, liegender Gestalt. Beide Elemente gehören zusammen und werden auch immer zusammen dargestellt. Nach Überzeugung der Japaner können sie nur gemeinsam existieren.

Diese Regel gilt nicht nur für die Anordnung von Steinen, sondern auch für das Arrangieren der anderen Elemente im Garten, wie zum Beispiel die Koexistenz von Brücke und Steinsetzung.

Voraussetzung für die Ausgewogenheit eines Steinarrangements war das feine Empfinden des Gestalters für das Material Stein, damit es seinem Ursprung entsprechend auch im Garten wieder richtig verwendet werden konnte. So kamen rundgeschliffene Steine, die aus Berg-

Steinsetzungen im Garten des Ikkyu-ji-Tempels. ▶

Links oben:
Struktur, Form und Farbe bestimmen die Verwendung der Steine.
Ginkaku-ji, Kyoto.

Unten:
Arrangement von Brücke und Steinsetzung in sich ergänzenden Formen.
Manshu-in, Kyoto.

Setzen und Transportieren der Steine mit Hilfe eines einfachen Holzgerüstes.

bächen oder Flußläufen stammten, auch im Garten an einen Wasserlauf oder in eine Steinsetzung, die im Bereich des bewegten Wassers lag. Ebenso war es mit Steinen aus dem Meer oder Felsen, die in den Bergen gefunden wurden. Auch sie fanden ihrer Herkunft entsprechend in Teichen oder Hügellandschaften ihren Platz.

Der Gartenmeister mußte die dem Stein im Garten zugedachte Funktion je nach Ursprung und Gestalt festlegen. Ein besonders klares Beispiel ist der wasserteilende Stein, der in Flußläufen so aufgestellt wird, daß er das darüber hinwegschießende Wasser so teilt, daß es sich zu strudelbildenden Wellen kräuselt. Gerade für einen so speziellen Zweck war die Form des Steines ausschlaggebend.

Auch im Trockenlandschaftsgarten wird ein Stein, der eine Insel darstellen soll, soweit eingegraben, daß der Eindruck einer natürlichen Uferlinie entsteht. Bei seiner äußeren Betrachtung scheint der Stein in die Tiefe zu reichen, ähnlich wie auch Inseln aus dem Meer emporwachsen.

Viele alte Gartenarchitekten suchten sich Steine, die sie für einen Garten brauchten, selbst aus und gaben auch an Ort und Stelle ihre genaue lagemäßige Position an. Diese Praxis wird auch heute noch in Japan gehandhabt.

Für das Setzen und Transportieren der Steine haben sich die Japaner eine Methode entwickelt, die auch noch im Zeitalter der modernen Technik durchgeführt wird. Man half sich mit einem einfachen Gerüst aus drei langen Holzpfählen, die am oberen Ende zusammengebunden waren. Durch eine Kette, die oben befestigt und in alle Richtungen beweglich war, konnte der Stein in die gewünschte Lage gebracht werden. Er wurde tief in die Erde eingegraben, wobei manchmal bis zu einem Drittel des Umfangs im Boden verschwand. Jedoch hing die Eingrabtiefe von der Form und Größe des Steines ab sowie von seinem Darstellungszweck.

Abschließend soll eine Aussage Lafcadio Hearns die Bedeutung der Steine im japanischen Garten vor Augen führen: »Bis Du das nicht fühlen kannst, zu innerst empfinden, daß Steine Charakter haben, daß Steine Farben und Valeurs haben, kann sich die ganze künstlerische Lehre des japanischen Gartens dir nicht enthüllen.«

Wege und Pfade

Wie in jeder Gartenanlage so kommt
auch im japanischen Garten der Erschlie-
ßung durch Wege und Pfade eine besondere funktionelle Bedeutung zu.

Gerade bei der Anlage von Wegverbin-
dungen haben es die japanischen Gartenmeister in hervorragender Weise verstan-
den, zweckgebundene Zielsetzung mit
ästhetischem Gestaltungsempfinden zu
verknüpfen.

Dem Wesen des japanischen Gartens und
seiner Gestaltungsform entsprechend,
haben sich unterschiedliche Methoden
der Wegeführung entwickelt.

Charakteristisch für viele Anlagen sind
Trittpfade aus verschiedenen Natursteien-
nen, die einzelne Gartenbereiche miteinander verbinden.

In der Anordnung der Trittsteinpfade
drückt sich der bewußte Gestaltungswil-
le der japanischen Gartenmeister besonders deutlich aus. Da diese Pfade in der
Regel nur einzeln hintereinander begehbar sind, werden die Benutzer dazu gezwungen, eine eventuell bestehende Unterhaltung abzubrechen, um sich ganz
auf den Weg und den umgebenden Garten konzentrieren zu können.

Durch die ständig wechselnde Lage und
Stellung der Trittplatten zueinander wird
der Schritt des Benutzers immer wieder
in andere Richtungen gelenkt, was zum
langsamen Gehen zwingt und dabei den
visuellen Erlebniswert des Gartens be-
trächtlich erhöht.

Auch die technische Verlegeart der Trittsteine kommt der Absicht, die Schrittge-
schwindigkeit zu verlangsamen, sehr ent-

Tief in die Erde eingesenkte Trittsteine.

*Trittsteine ragen meist über die Erdoberfläche
hinaus.*
Rikugi-en, Tokyo.

33

*Pfad aus unregelmäßigen Trittsteinen.
Rikugi-en, Tokyo.*

Beispiele zur Anordnung von Trittsteinen.

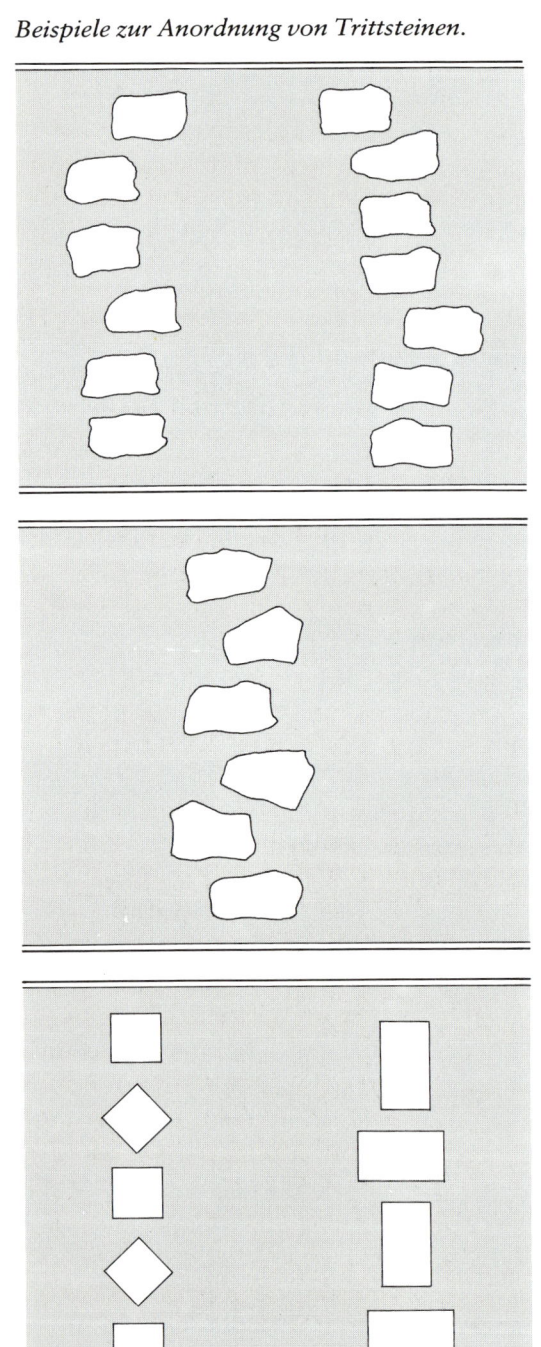

gegen. Die Platten werden tief in die Erde eingesenkt, jedoch so, daß ihre Oberfläche nicht erdreichbündig, sondern etwa 5 cm über dem Niveau des anschließenden Bodens liegt. Dadurch erwecken die Trittsteine den Eindruck, als wären sie aus dem gewachsenen Erdreich herausgeschwemmt worden.

Die einzelnen Platten wurden quer zur Laufrichtung angeordnet. Durch das Versetzen der Platten erfolgt auf diese Weise ein Wechsel von links nach rechts, ohne den Wegefluß optisch zu stören. Das Verhältnis zwischen der Fugenbreite und der Form und Größe der Platten ist dem Schrittmaß angepaßt. Ihre ausgewogene Balance ist entscheidend für einen natürlichen Wegeverlauf.

Als Material kommen in ihrer Naturform belassene, flache Steine oder auch regelmäßig behauene Steinplatten zur Verwendung.

Dem ungeübten Auge erscheinen die Trittsteinpfade in japanischen Gärten oft zufällig und willkürlich entstanden zu sein. Bei genauer Betrachtung läßt sich jedoch in allen Fällen eine gewisse Regelmäßigkeit und ein bestimmtes Schema der Gruppierung erkennen.

In den Zeichnungen sollen verschiedene Möglichkeiten der Trittplattenanordnung dargestellt werden.

Der einmal eingeschlagene Rhythmus des Wegeverlaufes verband sich häufig mit symbolischen Figurationen. Er mußte streng beibehalten werden und richtete sich im allgemeinen, der jeweiligen Situation und Steinform angepaßt, nach dem künstlerischen Ermessen des Gartenmeisters. Nach den ungeschriebenen Geset-

zen der alten Tradition legte er Plattenabstände und Wegekrümmungen fest. Gestalterisch nicht immer einfach zu lösen sind Punkte, an denen mehrere Wege zusammentreffen. Im japanischen Garten wird an solchen Kreuzungspunkten oft ein überdimensionaler Schrittstein placiert, der sich sowohl in der Farbe als auch häufig in der Struktur von den von ihm abzweigenden Wegen unterscheidet. Dieser »Wegegabelungsstein« bringt nicht nur Abwechslung in den Wegeverlauf, sondern bildet auch einen interessanten Gestaltungspunkt im Garten. Er ermöglicht die problemlose Verbindung von verschieden anlaufenden Wegesystemen.

Lange Trittsteinpfade werden gelegentlich durch längliche, rechteckige Steinplatten unterbrochen. Sie dienen dazu, Trittsteinwege zu untergliedern, aufzulösen und im Versatz weiterführen. Die schmale Längsform der Steine kann auch zu einem Stück zusammengefügt werden, das aus Pflastersteinen und Platten verschiedener Materialien besteht. Entscheidend für diese Gestaltung ist das Versetzen der Platten gegeneinander, wodurch im Anschluß daran der Weg fast unmerklich verschoben wird.

Oben:
Gepflasterter Weg aus unregelmäßigen Steinen.
Rikugi-en, Tokyo.

Unten:
Wegepflasterung aus bearbeitetem
Steinmaterial.
Katsura Imperial Villa, Kyoto.

Gepflasterte Wege, aus regelmäßigen
oder naturbelassenen Steinen zusammengefügt, lassen die unterschiedlichsten Be-
lagsvariationen entstehen. Die Vielfalt
der Gestaltungsmöglichkeiten ist so
groß, daß man kaum mehrmals die glei-
che Art der Pflasterung in japanischen
Gärten antrifft.
Schon die Verschiedenartigkeit der verwendeten Steine garantiert Abwechslung
in Farbspiel und Musterung. Auch der
Unterschied von Steinen und Plattengrö-
ßen, der Wechsel von unregelmäßigen
und bearbeiteten Steinen und nicht zuletzt die jeweilige Oberflächenstruktur
bewirken eine große Zahl von Belagsmu-
stern, von denen wohl jedes für sich ein-
zigartig ist.
In der Vielseitigkeit der farblichen Kombination und im Zusammenspiel der
Formen wird hier das breite Spektrum
deutlich, das das Material Stein in seinen
unzähligen Verbindungsmöglichkeiten
bietet.
Strenge gerade Plattenwege oder gewundene Natursteinpfade können durch ihre
Form den Charakter und die Atmosphäre einer Gartenanlage unterstreichen.
Eine besonders schöne Art der Wegbefe-
stigung ist die Verbindung von Trittstei-

nen und gepflastertem Belag. Zwischen Pflasterungen aus Natursteinen werden regelmäßige oder natürliche Trittplatten verlegt, die die einheitliche Struktur des Belages auflösen. Praktisch gesehen, leiten die Trittsteine die Schrittrichtung. Doch durch das Hinzufügen von Pflaster verbreitert sich die relativ geringe Auftrittsbreite um wesentliches.

Eine ganz ausgefallene Wegeform, die hin und wieder in Teegärten zu finden ist, stellt der einfache Pfad aus Ziegelsteinen dar.

Die schlichte Struktur des Materials vollendet sich zu einer schönen, harmonischen Gestaltung.

Links:
Geschwungener Pflasterweg in einem Moosgarten.
Kyusei Art Museum, Hakone.

Oben:
Origineller Wegebelag aus Dachziegeln.
Rikugi-en, Tokyo.

Mitte und unten:
Regelmäßige und unregelmäßige Trittplatten in Natursteinpflaster. Privatgarten.
Shosei-en, Kyoto.

Ein länglicher Stein, als natürlicher Stein-block oder bearbeiteter Haustein stellt die Verbindung zwischen Haus und Gar-ten her. Gefolgt von einigen flacheren Steinplatten, überspielt er den Höhenun-terschied zwischen Haus und tieferlie-gendem Garten. Von der Veranda aus er-reicht man über den Haustein den Tritt-plattenpfad, der in den Garten führt. Die-ser Stufenstein dient auch als Abstellplatz für die Strohsandalen, die vor dem Betre-ten des Wohnhauses ausgezogen werden. Auch Trittsteine, die über das Wasser führen, gehören zu den ganz typischen Gestaltungselementen eines japanischen Gartens.

Jeder einzelne Stein steht tief verankert in der Wasserfläche. Durch den Abstand zwischen den einzelnen Platten, wird je-der Stein vollkommen von Wasser um-schlossen. Die Steine stehen bis zu 20 cm über dem Niveau des Wasserspiegels, und können damit trockenen Fußes be-gangen werden.

Im übrigen gelten für den Verlauf und die Anordnung der Steine im Wasser die-selben Richtlinien wie auch für die Tritt-steinpfade.

Regelmäßig runde, große unbearbeitete Steinblöcke oder abgeschliffene Fluß-wacken kommen zur Verwendung. Sie werden je nach dem beabsichtigten Aus-druck eingesetzt, den der Bach oder Teich vermitteln soll.

Beim Überschreiten der Wasserflächen eröffnet sich oft unvermutet ein wunder-schöner Blick über den Teich oder es taucht plötzlich ein Wasserfall auf, der vom Garten aus noch gar nicht sichtbar war.

Der Stufenstein als Ver-bindungselement zwischen Haus und Garten. Shosei-en, Kyoto.

Kyosumi, Tokyo

Verschiedene Beispiele für die vielen Formvariationen bei der Verwendung von Trittsteinen im Wasser.

Koishikawa Koraku-en

41

Brücken

Außer den Trittsteinen, die nur bei geringen Wassertiefen und in seichten Uferbereichen errichtet werden können, sind Brücken eine wichtige Einrichtung im japanischen Garten, um Bäche und Teiche zu überqueren und Gartenteile miteinander zu verbinden. Überall auf den japanischen Inseln finden sich Brücken und Stege, die tiefe Wildbachschluchten überspannen oder Verbindungen zu Inseln herstellen.

Jedoch haben sie nicht nur die Funktion, über Wasserflächen zu leiten. Sie dienen auch dazu, dem Dahinschreitenden von der Brücke oder dem Steg aus neue Blickmotive und Perspektiven zu eröffnen, die vom Ufer aus nicht sichtbar sind.

In frühen Gärten versuchte man, Brükken nach chinesischen Vorbildern zu konstruieren, die auch noch heute in der modernen Gartengestaltung ihre Liebhaber finden. Im Laufe der Zeit haben sich jedoch mit der Entwicklung des Gartens eigenständige Brückenformen gebildet, die dem jeweiligen Charakter der Anlagen angepaßt sind.

Großzügig spannen sich in den weiten Fürstengärten Brücken über Teiche, verbinden feste Gartenteile mit Inseln und führen in Fortsetzung einsamer Waldpfade als einfache Stege über Flüsse und Bäche. Ja sogar im Trockenlandschaftsgarten werden über imaginäre Wasserflächen Brücken geschlagen. Damit verdeutlichen sie den symbolisch darunter hindurchfließenden Sandstrom als Wasserlauf.

Besonders in den großen Teichgärten begegnet man einer für den japanischen Garten typischen Brückenform – der

*Erdbrücke im Garten
der Katsura Imperial Villa.*

Kleine Erdbrücke im Saiho-ji-Tempelgarten.

Links:
Erdbrückenkonstruktion.
Shukkei-en, Hiroshima.

Steinsteg aus einem
schlichten Monolith.
Sambo-in, Kyoto.

Erdbrücke. Sie erscheint meist in leicht
gewölbter Form und überspannt gerne
große Teiche oder Teichverengungen.
Vielfach kann man auch mit Booten unter dem Brückenbogen hindurchfahren.
Massive Holzgerüste, durch Querver-
strebungen zusammen gehalten, stehen
tief im Wasser verankert und tragen die
leicht wirkende Holzkonstruktion. Diesem Gerüst liegen bogenförmig Holzbohlen auf. Darauf wiederum sind Quer-
hölzer befestigt, die, eng aneinanderge-
fügt, den festen Untergrund für das auf-
gelagerte Erdreich bilden. Etwa
15–20 cm stark wird die Erde aufge-
bracht und festgestampft. Entlang den
Rändern der Brücke ist der Boden meist
etwas aufgewölbt, wobei diese Aufwöl-
bung mit Gräsern oder Moosarten bepflanzt sein kann.
Besonders faszinierend wirkt das Spiegel-
bild der Erdbrücke, das sich im stillen
Wasser klar in seiner ganzen Schönheit
abbildet.

Steinsetzung an der
Brücke.

44

Für schmale Wasserläufe oder Bäche, bei denen es nur geringe Distanzen zu überwinden gilt, werden meist einfache Steinbrücken errichtet. Diese Steinstege bestehen oft aus schlichten Monolithen, die in der Natürlichkeit ihres Materials und der Einfachheit ihrer Konstruktion beeindrucken.

Zur Stabilität der Brücke werden an jedem Ende jeweils zwei Steine angebracht, die der Lagerung und dem Halt der Brückenplatte dienen. Durch diese Verankerung wird die Steinbrücke zu einem festen und sicher begehbaren Element. Als Brückensteine werden sehr gerne Platten verwendet, denen man durch entsprechende Bearbeitung eine leicht gebogene Form gegeben hat.

Viele solcher Brücken können prinzipiell sowohl aus Steinblöcken, als auch aus Holz hergestellt sein. Auch bei der Verwendung von Holz als Brückenbaustoff zeigen die Japaner ihre ausgeprägte Fähigkeit, natürliche Werkstoffe so zu bearbeiten, daß sie ihren Charakter behalten und sich ihre Ausdruckskraft oft noch steigert.

Schlichte, nur im groben bearbeitete Holzkonstruktionen, die mit großer Raffinesse das verwendete Material in seiner natürlichen Form zur Wirkung kommen lassen, betonen vielfach kleine Gartenbereiche. Sie verleihen diesen durch ihre einmalige Form einen ganz besonderen Reiz. Das Beispiel zeigt eine Brücke in einem abgeschiedenen Gartenteil des Sambo-in-Tempels in Kyoto.

In ähnlicher Formenvielfalt wie am Beispiel der Steinbrücken gesehen, erscheinen auch die Holzbrücken.

Besonders schön gestaltete Holzbrücke. Sambo-in, Kyoto.

Reicht zum Überqueren von größeren Wasserflächen eine einzelne Steinplatte nicht aus, so können auch mehrere Brückensteine hintereinander gefügt werden, um so die notwendige Spannweite über das Wasser zu erreichen.

Wie am Beispiel der langen rechteckigen Steinplatten, die in Gartenpfaden eingefügt werden, schon erläutert wurde, gibt es auch die Möglichkeit, Brückenplatten im Versatz über Wasserflächen zu legen. In der Mitte liegen die beiden Platten auf einem gut verankerten Steinblock auf.

Besonders reizvoll stellen sich Steinbrücken dar, die aus zwei längs hintereinander angelegten Steinplatten bestehen. Ein großer schwerer Steinblock, der unterhalb des Stoßpunktes angebracht ist, dient auch in diesem Fall als Auflage der beiden Teile.

Die Brücke im Chisaku-in-Tempel ist ein besonders schönes Beispiel für diese Gestaltungsweise. Ihre Ausstrahlung bestimmt die Atmosphäre dieses Ansehgartens. Sie setzt sich aus zwei gleichmäßigen, schmalen Monolithen zusammen.

Steinbrücke, aus zwei Teilen bestehend. Chisaku-in, Kyoto.

46

Die langgezogene Wasserfläche und die Hügelmodellierung mit den geschnittenen Büschen verstärken noch die homogene Wirkung des Gartenraumes und die Sonderstellung der Steinbrücke in dieser Anlage.

Zu den wohl eigentümlichsten Brückenformen im japanischen Garten zählt die Zick-Zack-Brücke. Mit ihrer Form zwingt sie den Schritt immer wieder in eine andere Richtung.

Solche Brücken können aus zusammengesetzten Steinplatten bestehen, die auf einem Gerüst aus behauenen Granitsteinen im rechten Winkel zueinander aufliegen.

Meist setzen sie sich jedoch aus mehreren Holzteilen zusammen, die sich in verschiedenen Winkeln über sumpfige Wasserflächen oder durch Iris-Felder hindurch bewegen können. Das Gerüst besteht in diesem Fall aus massiven Holzpfosten, die tief ins Erdreich gerammt, die aufgelegten Bretter tragen. Eine abgestimmte Pflanzung spielt gerade bei diesen Brücken eine große Rolle.

Durch den Wechsel verschiedener Pflanzungen, der im selben Rhythmus wie der Richtungswechsel des Betrachters erfolgt, wird der Erlebniswert gesteigert. Diese Steigerung kann auch durch einen schönen Baum erreicht werden, der unversehens ins Blickfeld gerät, aber auch durch einen Wasserfall oder ein Gebäude, das nicht in unmittelbarer Nähe der Brücke liegt.

Gerade beim Überqueren der Zick-Zack-Brücke wird die Vielfalt der Motive, die den Betrachter überraschen sollen, zu einem besonderen gestalterischen Effekt.

Oben:
Brückenfolgen mit Steinsetzungen.
Nijo-Castle, Kyoto.

Unten:
Zick-Zack-Brücke.
Koraku-en Garten, Okayama.

Wasser

Das Wasser hat für den Japaner eine ganz entscheidende Bedeutung und ist seit altersher ein wesentliches Gestaltungselement des Gartens.

Man wird in Japan wohl kaum einen Garten betreten, in dem sich nicht in irgendeiner Form Wasser befindet. Sei es als Bach oder Teich, als Fluß oder Wasserfall – in einem der vielen Motive, in denen das Wasser in der Natur auftritt, begegnet es uns auch im Garten wieder. Schon die alten Regeln des »Saku-tei-ki« enthielten genaue Beschreibungen über das Gestalten mit Wasser im japanischen Garten.

So wurde zum Beispiel genau vorgeschrieben, daß ein Wasserlauf den Garten normalerweise nur vom Osten nach Westen durchfließen sollte. Dies bedingte natürlich, daß auch das Gefälle der Strömung vom östlichen Bereich her nach dem westlichen abfallen mußte.

Deshalb liegen Quellen, Bäche oder Wasserfälle, wenn sie das Wasser in den Garten einführen sollen, meist im Osten.

Selbst in Anlagen, in denen das Wasser nicht wirklich existiert, ist es symbolisch doch vorhanden. Es wird in diesem Fall durch ein anderes Element ersetzt, das in seiner Gestaltungsweise auf die Funktion des Wassers anspielen soll.

Wasser ist die Substanz im japanischen Garten, die einerseits Ruhe und Stille in sich birgt und andererseits gleichzeitig Erlebnisreichtum und Bewegung schafft. Es wurde genutzt für die Gestaltung weiter Flächen in der Ebene und konnte als Wasserfall große Höhensprünge überwinden.

Der Teich galt schon von Anfang an als eines der wichtigsten Gestaltungsmotive des Gartens. In der Heian-Zeit war er das dominierende Element und galt gewissermaßen als Hauptattraktion des Gartens, um den man sich zu Festen und Feierlichkeiten versammelte. Später wurde er durch den Einfluß des Buddhismus immer mehr zum Pol der Ruhe, der sich still und tief den Gedanken des Meditierenden verband. Ruhe und Weite waren die Hauptmotive, die der Teich in den Garten transferieren sollte. Dies trifft auch für die großen Teichgärten der Edo-Zeit zu.

War die Fläche ausreichend, wurden die Teiche so groß angelegt, daß sie sogar mit Booten befahren werden konnten. Ihre Gestalt sollte möglichst natürlich wirken, deshalb finden sich keine regelmäßig gefaßten Uferlinien, sondern Buchten und Landzungen, die die Form des Teiches auflösen und ihn so mit

seiner Umgebung verschwimmen lassen. Große Teiche sind häufig mit Inseln durchsetzt, die den Erlebniswert vom Ufer aus noch zu steigern vermögen. Die den Teich umziehenden Pfade sind so angelegt, daß sie immer wieder zu neuen Ausblicken auf den Teich führen und doch nie gestatten, ihn in seiner Gesamtheit zu erfassen. Dadurch erscheinen die Wasserflächen größer, als sie in Wirklichkeit sind. An bevorzugten Stellen stehen häufig Gebäude wie Pavillons oder Teehäuser, die sich in der Wasserfläche spiegeln. Landzungen und Felsvorsprünge werden oft mit Bäumen oder Sträuchern bepflanzt, die so gezogen sind, daß sie weit über die Wasserfläche hängen. Dadurch wird eine optische Verlängerung der Landzuge erreicht. Das Spiegel-

Klar spiegelt sich das Gebäude im ruhigen Wasser. Heian-Shrine, Kyoto.

Ruhe und Stille prägen den Teich im Saiho-ji-Tempelgarten.

bild des Baumes im Wasser gibt dem Garten zusätzlichen Reiz.

Die Uferform entscheidet über den Gesamteindruck des Teiches, denn gerade in der Ausgestaltung des Ufers liegt die Erscheinung einer Wasserfläche begründet. Es gibt verschiedene Materialien, die zur Ausgestaltung des Ufers und zu seiner Befestigung dienen können. Im Vordergrund steht dabei nicht allein der optische Eindruck, sondern auch die Sicherheit und Rutschfestigkeit der Böschungsregion.

Um einen Teich optisch zu vergrößern, ist es wichtig, seinen Randbereich nicht einzuengen oder abzugrenzen, sondern ihn ausfließen zu lassen und optisch zu erweitern.

Eines der schönsten Beispiele für eine Uferausgestaltung dieser Art erleben wir im Garten des Sento-Gosho. Die Großzügigkeit dieser Teichregion wird erreicht durch eine breite Fläche, die vom See nach außen hin sanft ansteigt. Nur

mit grauen Kieselsteinen bedeckt, zieht sie sich bis in das Wasser hinunter. Einzelne Bäume überschatten diesen Bereich und schaffen einen rahmenden Kontrast zwischen Fläche und Raum. Klar spiegeln sich die Wipfel der Bäume im Wasser.

Dicht an dicht gelegt wirken die runden Kiesel wie ein natürliches Pflaster und erinnern an die weiten und steinigen Strände der japanischen Küste. Unter den vielen Möglichkeiten, Uferszenen zu gestalten, spielen Steinarrangements eine bedeutende Rolle. Aus der Wasserfläche heraufwachsende Felsformationen sind immer wieder nach den asymmetrischen Regeln der japanischen Gestaltung geordnet. Verbunden mit einem herabstürzenden Wasserfall, vermitteln sie die Schönheit der Bergwelt oder lassen in Zusammenklang mit einem Kiesbeet Ge-

Ufergestaltung.
Sento-Gosho, Kyoto.

Kieselsteine ziehen sich weit in die Wasserfläche. Sento-Gosho, Kyoto.

50

Steinsetzung am Ufer.
Shinjuku-gyoen, Tokyo.

Bootsanlegestelle.
Imperial Palace, Kyoto.

danken an die Küsten Japans auf-
kommen.

Ursprünglich wurden spezielle Bootsan-
legestellen nur in Fürstengärten angelegt,
in denen die Teichgröße es erlaubte,
daß man mit Booten auf dem Wasser
spazierengefahren werden konnte. Sie
bestehen meist aus einer stufenartigen
Komposition von behauenen oder unbe-
hauenen Steinblöcken, die in ein Steinarrangement eingebunden sind.

Ein aufrechter, hoher Stein betont die
horizontale Lage des Anlegesteins, der
dicht an die Uferrandzone gesetzt wird,
um ein leichtes Anlegen des Bootes für
das Ein- und Aussteigen zu ermöglichen.
Die Bootsanlegestelle ist letztlich nicht
nur notwendiger Einstiegsplatz für
Gäste, die den Teich mit Booten befahren wollen, sondern findet sich auch an
Uferzonen von Teichen, die für Boots-
fahrten eigentlich viel zu klein sind. In
diesen Fällen werden sie als reine Gestaltungsmittel eingesetzt.

Auch die Wasserläufe des japanischen Gartens sind den Vorbildern der Landschaft nachempfunden.

Bäche, die im Stil der wilden Bergbäche angelegt sind, finden sich häufig in Verbindung mit Steinsetzungen. Gerade bei der Darstellung der wilden, reißenden Gebirgsbäche mußten einige grundlegende Gestaltungsweisen beachtet werden. In erster Linie war ein ausreichendes Gefälle des Bodens notwendig, damit durch den Höhenunterschied eine hohe Fließgeschwindigkeit des Wassers erreicht werden konnte. Das eigentliche Bachbett wurde mit vielen Kieseln und Geröll bedeckt. Einzelne Felsbrocken gliedern den Bachlauf und erzwingen ein häufiges Wechseln der Fließrichtung. In der Mitte des Bachbettes findet sich manchmal ein besonders schöner Stein, der den Lauf des Wassers teilt und sein geradliniges Dahinfließen auflöst. Solche wasserteilenden Steine stehen häufig in direkter Verbindung mit einem nachfolgenden Wasserfall und beleben gerne zu mehreren hintereinander geschaltet, den Lauf des Baches.

Richtungsänderungen des Baches, wie sie einer natürlichen Mäandrierung entsprechen, sind selbstverständliche Grundlage des Bachbaus. Die entstehenden Prallhänge an der Außenseite der Mäanderschleife wurden oft durch Steinsetzungen zusätzlich markiert, während die Sedimentation der Gleithänge gerne durch Kiesel und Geröll dargestellt wird. Mußte eine Wegeverbindung über einen bewegten Bachlauf hergestellt werden, so geschah dies häufig durch Trittsteine, die den Wasserlauf unterbrachen.

Bäche und Wasserfälle im Garten erinnern an die Vorbilder der japanischen Landschaft:
Murin-an, Kyoto (links),
Sento-Gosho, Kyoto (rechts).

Wasserfall im Tempelgarten des Kinkaku-ji. ▶

52

Bewegtes Wasser ohne Wasserfälle wäre im japanischen Garten undenkbar. In unzähligen Variationen trägt das Geräusch des plätschernden oder gar rauschenden Wasserfalls zur Stimmung in einem Garten bei.

Sogar im Trockenlandschaftsgarten wurden Wasserfälle noch symbolisch dargestellt. Obwohl bei den Wasserfällen dieses Gartentypes statt Wasser nur feinkörniger, weißer Sand den Lauf des Wassers symbolisiert, erinnern sie bei ihrer Betrachtung an die Wasserfälle im japanischen Bergland. Die vielen Gestaltungsmöglichkeiten, die sich für den Bau eines Wasserfalles im Trockenlandschaftsgarten entwickelt haben, unterscheiden sich wie in den Teichgärten nach ihrer Konstruktion in verschiedene Formen. Es entstanden Wasserfälle mit hohen steilen Steinsetzungen ebenso wie kleine niedrige Stufenfälle.

Riesige Erdaufschüttungen wurden vorgenommen und große Steinsetzungen aufgeschichtet, um Wasserfälle entstehen zu lassen, die für einen ganzen Garten bestimmend sein können. Häufig stürzte das den Teich speisende Wasser über einen Wasserfall direkt in den See. So trifft man in hügeligen Gärten oft auf die Konstruktion eines Wasserfalls, der als Stufenfall ausgebaut ist. Dabei fällt das Wasser in mehreren Stufen, durch entsprechende Steinsetzungen bedingt, die nach links oder rechts versetzt sein können, herunter.

Eine andere Formvariante ist der geteilte Wasserfall, bei dem der zu Tal stürzende Strom an der Schwelle durch einen großen Stein in zwei Teile gespalten wird, um sie später wieder zusammenfließen zu lassen.

Eine Besonderheit ist der feine Wasserstrahl, der wie ein dünner Faden aus großer Höhe herabfällt und unten auf einen Stein trifft, der so gestellt ist, daß er das Wasser nach allen Seiten verteilt.

In einigen Gartenanlagen werden Wasserfälle auch durch Steine dargestellt. Bei diesen »Wasserfallsteinen« handelt es sich um einzelne, große Steine, die aufrecht stehend an einer bevorzugten Stelle plaziert werden. Ihre Oberfläche ist so strukturiert, daß sie, aus der Entfernung betrachtet, den Eindruck erweckt, als würde Wasser über den Stein fließen. Besonders deutlich äußert sich das Herabfließen des Wassers natürlich im Regen, wobei die farbige Struktur des Steines diesen Effekt noch unterstreicht.

Auch im modernen Japan spielt das Wasser als Gestaltungselement eine wesentliche Rolle, doch ist gerade die Gestaltung mit Wasser heute einer starken Wandlung unterworfen.

Besonders die geradlinigen Formen moderner Baukörper verlangen eine entsprechende Ausformung der zugeordneten Freiflächen. Moderne Gartenarchitekten versuchen die gewachsenen Gestaltungsweisen unseren heutigen Bedürfnissen anzupassen. Neuere Arbeiten zeigen Wasserbecken, die in klare Formen gefaßt sind und mit regelmäßigen Trittplatten und Brücken erschlossen werden. Auch Wasserfälle und Bäche, die das Wasser zuführen, werden aus Materialien unserer Zeit hergestellt, ohne daß sie ihren ursprünglichen Reiz verlieren.

Modellierungen durch Inseln und Hügel

Die vielschichtigen Erscheinungsformen von Inseln in der japanischen Landschaft erweisen sich als wertvolle Modelle für das Gestalten im Garten. Den berühmten Vorbildern des Landes nachempfunden, finden sie sich wieder in Form von Felseninseln mit hohen Steinsetzungen oder als stark bewaldete Hügel, bepflanzt mit Büschen und Bäumen. Die gestalterische Bedeutung einer künstlichen Modellierung in Form von Inseln ist sehr wichtig im Hinblick auf die optische Raumerweiterung, die dadurch gewonnen werden kann.

Die Gestalt der Insel ist sowohl im Teichgarten, als auch im Trockenlandschaftsgarten meist mit symbolischer Bedeutung verknüpft. Berühmte Gestalten sind die der Schildkröte und des Kranichs, die als Symbol für langes Leben und Unsterblichkeit gelten.

Gemeinsam wirken beide Formen im Sinne der Gestaltungsregel des Aktiven und Passiven ergänzend aufeinander. Der flachen, horizontal mit der Erde verhafteten Figur der Schildkröte, wird die hohe vertikal gegen den Himmel strebende Form des Kraniches entgegengestellt. Der schemenhafte Aufbau der Schildkröte läßt sich an entsprechend geformten Steinen identifizieren, die Kopf-, Schwanz- und Fußteile darstellen. Nach den Vorstellungen von Flugstil und Schwingenbewegung erfolgt meist die Kranichdarstellung. Sie kommt symbolisch durch eine Kiefer oder einen aufrecht gestellten Stein zum Ausdruck. Auch im Garten wechseln sich wie in der Natur Bergwälder und steinige Hügel in Form von weichen Modellierungen und steilen Aufschüttungen ab und bestimmen das Gartenbild.

In kleinen Anlagen ist es zur optischen Erweiterung des Gartens von Nutzen, Hügelformen so zu modellieren, daß sie vom Betrachtungsort aus wie die Ausläufer von Bergen wirken, die sich in der Ferne fortzusetzen scheinen. In Wirklichkeit aber handelt es sich nur um vorgetäuschte Hügel- und Berglandschaften. Ihre Gestaltung ist auf diese Fernwirkung ausgerichtet. Die aufgeschütteten Hügel werden zum Betrachtungsort hin weich ausmodelliert und fallen zur unsichtbaren Grenze des Garten hin steil ab. Schmale Pfade oder Stufen, die den Hügel hinaufzuführen scheinen und hinter Buschwerk verschwinden, verstärken optisch das Gefühl, daß sich im Hintergrund der Gartenraum fortsetzt. Diese Gestaltungsweise trifft vor allem auf die

55

sehr kleinen Areale der Ansehgärten zu.
Um in größeren Anlagen das Gefühl
eines weiten, geräumigen Gartens zu vermitteln, werden Modellierungen so angelegt, daß sie Gartenbereiche ganz oder
auch teilweise verdecken. Pfade, die in
weitem Schwung um die künstlichen
Hügel geleitet werden, erwecken den
Eindruck als hätte der Benutzer nach
vielen Windungen eine weite Strecke
zurückgelegt.

◀ Schildkröteninsel.
Funda-in, Kyoto.

Flächengestaltung

Besonders in den Tempelgärten, die zum
Zwecke der Meditation und Betrachtung
angelegt wurden, dominieren große
Sandflächen. Sie sind für die Gesamtkomposition der Anlage von wesent-
licher Bedeutung und müssen in ihrer
Gestaltung äußerst sorgfältig behandelt
werden.

Sand oder Kiesel stellen im Trockenlandschaftsgarten die Elemente zur Flächen-
gestaltung dar. Mit äußerster Mühe werden mit schweren Eisenrechen Linien
und Muster in den Sand gezogen. Regelmäßig alle 6–7 Tage müssen sie von den
Priestern nachgearbeitet werden.

Dabei entstehen die verschiedensten Figurationen, gerade und parallele Linien,
Kreise und Bögen. Auch um Steinsetzungen werden wellenförmige Linien ge-
zeichnet, die an das Wellenspiel des Wassers beim Anschlagen an Felsen erinnern.

Figurationen im Sand.
Oben: Konshi-in, Kyoto.
Mitte: Manshu-in, Kyoto.

Arbeitsgeräte zum Herstellen
der Muster im Sand.

◀ Künstliche Modellierung
mit Zwergbambus.
Koishikawa Koraku-en,
Tokyo.

Die Traufe

Die Traufe hat die Aufgabe, das von den weit ausladenden Dächern herabtropfende Wasser aufzufangen und abzuleiten. Die Rinne ist mit natürlichen Steinen oder Steinstreifen eingefaßt und mit kleinen grauen oder schwarzen Kieseln ausgelegt, die als Dränage wirken.

Eine reizvolle Unterbrechung von langen Traufkanten wird durch das Verlegen von Trittplatten innerhalb des Kiesels erzielt. Auch vorhandene gewachsene Steine lockern die strenge Linienführung auf. Die Platten und der rauhe Stein wirken in Verbindung mit der körnigen Struktur des Kiesels im Regen faszinierend und erhalten durch das herabfallende Wasser einen schimmernden Glanz. Diese Beispiele zeigen, mit welcher Hingabe der Japaner kleinste, aber nützliche Dinge so ausgestaltet, daß sie nicht nur als zweckdienliche Einrichtung gelten, sondern zu einem kleinen Kunstwerk werden.

Detaillierte Ausgestaltung von Traufkanten. Hotelgarten, Atami.

◀ *Über den Abtropfstein rinnt das Wasser in eine schön gestaltete Dränage. Rikugi-en, Tokyo.*

Pflanzen und ihre Verwendung

Die große Verehrung, die der Japaner allen Elementen der Natur entgegenbringt, äußert sich auch in seiner Begeisterung für die Blüten. Das feine Empfinden für die Schönheit der Blüte, verbunden mit starkem symbolischen Inhalt, ließ in Japan eine große Verehrung, ja einen Kult für bestimmte Blütenpflanzen entstehen. Der Blütensymbolismus hat in Japan schon eine Jahrhunderte alte Tradition, die auch mit der religiösen Glaubensrichtung des Japaners zusammenhängt, wie zum Beispiel die Bedeutung der Lotosblume. Auch das japanische Kaiserhaus hat als Symbol eine Blume, die Blüte der Crysantheme. Außerordentliche Huldigung wird der Kirschblüte zuteil, die für die Japaner als Symbol des Sterbens steht. Alljährlich werden im Land Kirschblütenfeste gefeiert.

Doch obwohl der Japaner die Blüte liebt und sich zu Blütenfesten hinreißen läßt, finden sich im japanischen Garten kaum blühende Pflanzen. Man ist sogar überrascht, wenn man auf blühende Stauden oder Gehölze stößt. Überall in der japanischen Gartengestaltung wurde auf Formgebung besonderen Wert gelegt. Dies galt auch entsprechend für die Verwendung von pflanzlichem Material. In der Form nicht in der Farbe oder im schmückenden Ornament liegt der Gestaltungssinn bei der Auswahl der Pflanzenarten. Deswegen werden im allgemeinen die Pflanzen mehr ihrer Formwirkung und ihrer symbolischen Bedeutung nach eingesetzt als nach ihrem Effekt als Blütenpflanzen.

Der Garten ist geschaffen worden als eine kunstvolle Schöpfung, die nicht dem ständigen Wechsel von farblichen Effekten unterworfen sein darf. Der immergrüne Grundcharakter der japanischen Gärten soll vielmehr ein Gefühl der Dauerhaftigkeit und Beständigkeit vermitteln. Dies hat zur Folge, daß japanische Gärten den Eindruck erwekken, als würden sie sich nicht verändern. Der Garten soll sogar bei seiner Neuanlage dem angestrebten Endzustand möglichst nahekommen. Die verwendeten Pflanzen müssen bereits so vorbehandelt werden, daß sie nach dem Verpflanzen möglichst schnell wirken als würden sie schon immer an ihrem Platz stehen. Hat der Garten seinen gewünschten Endzustand erreicht, muß durch behutsame und planmäßige Pflege sein Zustand konserviert werden, damit sich seine optimale Erscheinung nicht wandelt. Die Anlagen leben nicht durch vorübergehendes Momentanes, sondern besitzen Ausdruck durch ihre gleichbleibende Beständigkeit.

Selten unterbrechen blühende
Pflanzen den immergrünen
Grundcharakter japanischer
Gärten. Irisblüten, Kamelien
und Seerosen finden sich meist
nur akzentuiert an ausgesuchten Stellen. Auch Laubgehölze,
deren Erscheinungsbild zu bestimmten Jahreszeiten von Bedeutung ist, wie Ahorn- oder
Kirschen-Arten, betonen oft
einzelne Bereiche.

◀ Eine herabgefallene
Kamelienblüte betont die
Tiefe der Grüntöne.
Myoken-ji, Kyoto.

Da das Erreichen einer ruhigen stillen
Atmosphäre oberstes Gestaltungsgebot
war, kamen überwiegend immergrüne
Pflanzen zur Verwendung, deren Blattwerk von besonderem Ausdruck ist. Das
Spiel der Grüntöne erzeugt eine Harmonie und Ruhe, die durch den spärlichen
Lichteinfluß noch betont wird.
Vor allem in den Teegärten werden gerne
immergrüne Pflanzen verwendet, weil sie
eine gleichbleibende intensive Wirkung
des Gartens das ganze Jahr über verspre-
chen. Blühende Pflanzen würden nach
Ansicht des japanischen Gartenmeisters
mit ihrem vorübergehenden Blütenflor
nur Unruhe in den Garten bringen.
Weniger die Blüte ist von Interesse, als
die Gestalt und Wandelbarkeit der Pflanze im Verlauf des Jahres. So kommen neben den Immergrünen auch Laubgehölze
wie japanische Ahornarten zur Verwendung, die durch ihre wunderbare Herbstfärbung dem Garten zauberhafte Stim-
mungen verleihen können.
In der Heian-Zeit liebte man es noch,
bunte blühende Pflanzen im Garten zu
halten, während sie später fast ganz ver-
drängt wurden.
Im Trockenlandschaftsgarten findet sich
Vegetation nur spärlich verwendet und
wenn, dann nur als Beiwerk zu den vorhandenen Steinsetzungen. Es sind meist
Moose, Farne oder verkrüppelte Kiefern,
die als Ergänzung wirken. Oft findet
man Kiefern, die so gezogen sind, daß sie
sich der Form des Felsens oder der Steinsetzung vollkommen anpassen. Es entsteht eine Einheit zwischen Stein und
Pflanze. Das Bestreben, solche Naturformen perfekt nachzuahmen, findet sich

Harmonische Verbindung
zwischen Pflanze und
Material:
Bambuszaun und Farn.
Dembo-in, Tokyo.

Ausdrucksvolle Pflanzen ▶
unterstreichen die Wege-
form.
Privatgarten.

auch in der Jahrhunderte alten Tradition der Bonsai.

In den stillen, schattigen Teegärten überwiegen Pflanzen, die nicht oder nur sehr unscheinbar blühen. Durch ihre Blattwirkung wird der Gesamteindruck des Gartens in seinem einfachen Ausdruck noch verstärkt. Die Pflanzen sind so arrangiert, daß das Bild eines lockeren Wäldchens entsteht. Die Bäume werden entsprechend ausgelichtet, damit das geheimnisvolle Spiel der Sonnenstrahlen durch das Blätterdach jenes dumpfe Licht entstehen läßt, das den besonderen Zauber heller Wälder ausmacht. Selbst die Bodendeckung besteht meist aus Moosen, die unter dem lichten Baumbestand prächtig gedeihen. Nur an ausgewählten Stellen steht manchmal ein Kamelienbusch, der während seiner Blütezeit einen besonders reizvollen Akzent setzt.

Oft werden Bäume, die sonst bis zum Boden herab beastet wären, noch aufge-

schnitten, um die Transparenz des Gartens für den Betrachter zu erhöhen. Die Kleinheit des Teegartens erfordert meist einen Verzicht auf raumbildende Strauchpflanzungen. Raumbildung wird gerne durch einzelne Solitärgehölze erreicht, die dem Auge Halt geben und die räumliche Tiefe erhöhen.

Diese Gestaltungsprinzipien für Pflanzungen in Teegärten haben sich in ihren Grundzügen bis heute erhalten. Dadurch können auch jetzt noch Teegärten entstehen, die den ganzen Zauber der alten Gärten in sich bergen und ihn dem wissenden Betrachter übermitteln.

Die Gartenmeister späterer Zeiten, vor allem der Edo-Zeit liebten es, einzelne Blütenpflanzen wie zum Beispiel Iris oder Glyzinen in ihren Gärten zu verwenden. Überhaupt scheint in dieser Zeit die Neigung, mit blühenden Pflanzen zu gestalten, wieder stärker ausgeprägt gewesen zu sein. Häufiger finden sich in diesen Gärten wieder Bereiche mit blühenden Azaleen, Kamelien, Skimmien und anderen Blütensträuchern.

Die Gärten der Meiji-Zeit zeigen bereits Effekte, die schon auf die Nutzung der Anlagen als Grünzonen für die Öffentlichkeit ausgerichtet sind. Üppige Strauch- und Baumpflanzen wechseln sich ab mit großzügigen Rasenflächen, die von den Japanern gerne als Ruheplätzchen in der Mittagspause genutzt werden. Wunderschöne Zierkirschen säumen die breiten Wege und überziehen den Park zur Blütezeit mit ihrem zartrosa Schleier. Im allgemeinen werden auch heute noch immergrüne Pflanzen gerne verwendet.

Da bei der Neuanlage von Gärten großer Wert darauf gelegt wird, ein geschlossenes Bild der Pflanzung zu erhalten, müssen Bäume, die einen bestimmten gestalterischen Effekt erzielen sollen, schon in der Baumschule entsprechend vorpräpariert werden.

Vorzugsweise Nadelgehölze wie Kiefern oder Zedern und Laubgehölze wie Ahorne werden im Hinblick auf ihre spätere Verwendung geformt und geschnitten. Soll eine Kiefer später einmal an einem Wasserlauf oder einem Teichrand stehen, so wird ihre Form mit Hilfe von Drähten und Bambusgerüsten schon so getrimmt und zugeschnitten, daß ihre Zweige später einmal weit über die Wasserfläche hängen werden.

Besonders bizarr gewachsene Exemplare können auch an ausgesuchten Stellen des Gartens stehen, zum Beispiel in Zuordnung zu einem Wasserbecken oder einer Steinlaterne. Alle Pflanzenformen sind den Erscheinungsgestalten der Pflanze in der Natur nachempfunden. Der Gärtner hat lediglich die Eigenwilligkeit der

Gezogene Kiefer am Teichrand. Ritsurin, Takamatsu.

Pflanze mit künstlerischem Empfinden weiterentwickelt und vollendet. Ihre speziellen Wuchseigenschaften werden dabei verstärkt zum Ausdruck gebracht.

In alten Ansehgärten findet man vielfach sehr regelmäßig als runde Kugeln oder Quader beschnittene immergrüne Pflanzen. In scheinbar willkürlichem Durcheinander stehen sie auf angeschütteten Hügeln, die zum Gartenraum hin sanft ausfließen. Diese Büsche gelten sehr oft als Ersatz für Steine oder stehen in Zuordnung zu Felsen.

In direkter Nachbarschaft zu frei wachsenden Büschen oft derselben Pflanzenart bilden sie einen reizvollen Kontrast. Diese geschnittenen Pflanzen sind häufig so angeordnet, daß sie den Gartenraum optisch nach hinten erweitern und die Modellierung der Anlage betonen.

Die Weiterführung dieses Prinzips führt zur geschnittenen Hecke, die oftmals die Trennung zwischen freier Landschaft und dem gestalteten Gartenraum darstellt.

Oben:
Geschnittene Pflanzen und Stein ergänzen sich.
Murin-an, Kyoto.

Unten:
Bizarr wachsende Kiefer.
Funda-in, Kyoto.

Geschnittene Pflanzen der verschiedensten Arten dominieren im Joju-in-Tempelgarten, Kyoto.

Der Erhalt eines japanischen Gartens erfordert sehr viel Pflegeaufwand. Sowohl in den kleinen Teegärten als auch in den weitausgedehnten Teichgärten müssen die Bäume und Sträucher regelmäßig geschnitten werden und zwar so, daß ihr Erscheinungsbild sich nicht verändert. Besonders aufwendig wird die Pflege, wenn flächige Strauchpflanzungen Hügelbewegungen und Landschaften darstellen sollen. Solche Pflanzungen müssen durch geschultes Personal regelmäßig geschnitten und gesäubert werden. Mit großer Mühe werden von Hand Unkräuter aus Moosflächen herausgezupft und herabgefallene Blätter und Kiefernnadeln ausgefegt. Ständig müssen Gärtner darauf bedacht sein, das üppige Wachstum der Vegetation in Form zu halten, um den Charakter der Anlage zu wahren.

Ballenware in einer japanischen Baumschule.

Fungiert die Hecke als Grenzlinie zwischen Garten und Landschaft, muß sie immer auf einer überschauberen Höhe gehalten werden, weil sie ja nicht nur Deck- und Schutzfunktion hat, sondern auch den Rahmen für die Gesamtkomposition darstellt.
Als kulissenbildendes Element ist sie besonders interessant in der Staffelung von verschiedenen Höhenversätzen, die, hintereinander gegliedert, die Tiefenwirkung des Gartenraumes verstärken. Die Hecken sind häufig aus mehreren Pflanzenarten zusammengesetzt, was gerade durch das Beschneiden der immergrünen Hecken ein schön verschwimmendes Farbmuster zur Folge hat.

Die Einfriedung

Von außen betrachtet, wirkt der japanische Garten abgeschlossen und zurückgezogen.

Nicht nur die alten Tempel- und Kaisergärten, auch die Gärten der Bürger sind mit einer Einfriedung versehen, die Garten und Haus verborgen hält. Bei den meisten privaten Anlagen ist von außen nur der Zaun und das Gartentor zu sehen, während sich das Wohnhaus hinter hohen Bäumen versteckt, dem Blick entzieht.

Der Grund, weshalb der Garten überall von einer Einfriedung umgeben ist, liegt vermutlich darin, daß das japanische Haus keine fest verschließbaren Türen und Mauerwerke besitzt. Durch seine leichte offene Konstruktion verlangt es eine feste Umschließung im Außenbereich. Mehr jedoch scheint als Begründung dafür die Grundtendenz der japanischen Wesensart zuzutreffen, nach der es dem Japaner ein Bedürfnis ist, sich lieber in Bescheidenheit zurückzuziehen, als sich nach außen hin offen zu zeigen. Daher wurde auch der Garten zu einem Raum der Ruhe und Stille. Zäune, Mauern und Hecken dienen als Abschirmung nach außen und schaffen im Innern gleichzeitig eine Atmosphäre der Geborgenheit.

Die Art der Umfriedung und ihre Konstruktion hängen jedoch weitgehend vom Charakter der Anlage und vom Zweck ab, den sie darin erfüllen sollen. In großen Anlagen, wie den landschaftlich angelegten Teichgärten, die sich weit und ohne störende Begrenzung ausdeh-

nen sollen, werden Hecke oder Zaun häufig durch Hügel oder Pflanzungen verdeckt.

Dagegen wird die Einfriedung im Trockenlandschaftsgarten, bei dem die flächige und akzentuierte Gestaltung eine Rolle spielt, als Element zur Gestaltung des Hintergrunds hervorgehoben.

Damit übernimmt sie sowohl praktische, als auch künstlerische Funktion und war zugleich Voraussetzung für das Entstehen von handwerklich kunstvoll bearbeiteten Mauern und Zäunen.

Besonders vielfältig zeigt sich auch die Ausgestaltung von Zäunen, die sowohl eine eingrenzende und abschirmende Wirkung nach außen, als auch einen untergliedernden und teilenden Effekt innerhalb des Gartens erreichen können. Als Materialien kommen vor allem Bambus, Reisig oder Holz in Frage.

Häufig stößt man auf den Bambuszaun, der durch die Variationsmöglichkeiten in seiner Konstruktion immer wieder in Staunen versetzt. Besonders lebendig wirken Bambuszäune, an denen geschnittene Hecken hochgezogen werden.

Der abgeschrägte Zaun gehört zu den ausgefallenen Eigenwilligkeiten in der Gestaltung der Bambuszäune. Er setzt meist am Gebäude an und verläuft dann bogenförmig in weitem Schwung zum Boden hin aus. Seine Konstruktion zielt daraufhin ab, den Gartenbereich einzufassen und zu gliedern, wobei seine Abschrägung jedoch einer absoluten Abgrenzung entgegenwirkt. Nur im Bereich des Gebäudes, in das man Einblicke verwehren will, erreicht er die dazu notwendige Höhe. Zum Garten hin gibt er dem

Der Zaun als gliederndes und einfriedendes Element.
Sento-Gosho, Kyoto.

Abgeschrägter Zaun.
Koetsu-ji, Kyoto.

Betrachter bewußt offen gehaltene Einblicke frei.

Eine weitere Möglichkeit der Abschirmung, die gleichzeitig als künstlerisches Motiv von Bedeutung ist, stellt der Kurzzaun dar. Er kann aus Reisig oder Bambus bestehen und bildet den Übergang vom Haus zum Garten. Wie eine kleine Wand erstreckt er sich, direkt am Haus angebracht, in den Garten. Einerseits dient er als Schutz und Abschirmung gegen unerwünschte Einblicke, andererseits besitzt er einen hohen raumbildnerischen Wert in seiner Funktion als Bindeglied zwischen Gebäude und Außenbereich. Seine schöne Form und Struktur lassen ihn zum Hintergrundmotiv für ein Wasserbecken werden. Der Kurzzaun ist meist sehr schmal, nur ca. 1,00–1,50 m breit und ca. 1,50–2,00 m hoch, jedoch hängt die Größe von der Art des Materials und seinem Verwendungszweck ab. Die Ausnahme bildet eine Kurzzaun-Form, die als abgeschrägtes Zaunelement einzelne Gartenteile voneinander abtrennen kann. Durch die Abschrägung

entsteht ein bildhafter Einblick in den dahinterliegenden Bereich. Seine Form gleicht einem horizontal verwendeten Kurzzaun.

Entsprechend der Art des Zaunes werden auch die Gartentore gestaltet. Ihre Konstruktion richtet sich nach dem Charakter der Anlage. Deutlich unterscheiden sich die einfachen Tore des Teegartens von denen, die die Eingänge zu Palastgärten verschließen.

Immer ist der japanische Garten umgeben von einer Einfriedung. Selbst wenn sich dem Blick eine schöne Aussicht bieten würde, wäre der Japaner versucht, seinen Garten einzufrieden, ihm einen Rahmen, einen Hintergrund zu geben. Doch schließt er die Natur bei seiner Gestaltung nicht aus, sondern bezieht sie

Kurzzäune als Binde-glieder zwischen Haus und Garten:

Linke Seite, außen:
Myshin-ji Tempelbezirk.

Innen:
Privatgarten.

Unten:
Hotelgarten in Atami.

Gartentor.
Shosei-en, Kyoto.

Die Natur als gestaltetes Bildobjekt. Gyokudo-Museumsgarten.

vielmehr als aktives Gestaltungselement so in seine Überlegungen mit ein, daß sie zum mitbestimmenden Teil des Gartens werden muß. Geschnittene Hecken oder Mauern wirken dabei als Rahmen, die der bildhaften Ausstrahlung der dahinter liegenden Landschaft die nötige Tiefe geben.

Die Gestaltungsabsicht, die hinter diesem »Ausleihen« der Landschaft liegt, läßt vor allem auch den Kontrast zwischen dem von Menschenhand geformten Gartenraum und der freien Natur besonders deutlich werden.

In diesem Fall erscheint die Natur selbst als gestaltetes Bildobjekt.

Zäune und Hecken verbergen auch das Gebäude vor neugierigen Blicken. Durch geschicktes Verdecken mit Hilfe von Abpflanzungen und Modellierungen, wird es als homogener Bestandteil in den Garten integriert.

Manchmal ist von außen her nicht einmal mehr das Dach sichtbar. Der Gebäudekomplex liegt eingebettet, zwischen Bäumen und Sträuchern versteckt, hinter der Einfriedung und ordnet sich dem Gesamtgefüge der Anlage unter.

Hinter Bäumen und Sträuchern versteckt – das Gebäude im Garten der Katsura Imperial Villa. ▶

Mit Beginn der Teekultur und dem damit verbundenen Bau von Gärten fanden die Steinlaternen ihren Einzug in den Teegarten. Die Ursache ihrer Verwendung im Teegarten war durchaus zweckgebunden. Sie wurden in erster Linie als Lichtquelle zur Teezeremonie abends oder früh morgens verwendet.

Erst im Laufe der Zeit bürgerten sie sich auch in anderen Gärten ein. Oft besaßen sie hier aber nur Scheinfunktion.

Heute begegnen uns in Japan Steinlaternen in so großer Zahl und Vielfalt, daß der Ideenreichtum bei ihrer Ausformung immer wieder begeistert. So gibt es Laternen, die sich aus einfachen behauenen Steinen zusammensetzen oder hoch auf einer schlanken Säule sitzen und andere, die sich niedrig mit einem breit gewölbten Dach am Boden ducken.

Die meisten Steinlaternen sind aus vier erkennbaren Teilen zusammengesetzt. Dem Fuß, der Säule, dem eigentlichen Lampenkörper und dem Dach, wobei alle vier Bauelemente unterschiedlich stark ausgearbeitet sein können.

Steinlaternen

Vor den Tempeln und Schreinen Japans standen schon in frühen Jahrhunderten Laternen aus Stein oder seltener auch aus Bronze, die in langen Reihen den Hauptweg zu Heiligtümern säumten. Diese Laternen waren meist Spenden oder Weihgaben von Menschen, die aus Dankbarkeit über eine erwiesene Gnade dem Heiligtum ihre bleibende Verehrung ausdrücken wollten.

Steinlaternen:

Oben:
Shosei-en

Mitte:
Katsura Villa

Unten:
Shugaku-in

ten Mulde, die mit Kieselsteinen angefüllt ist, um das herunterrinnende Wasser aufzufangen. Ein Bambusrohr, von dem leise plätschernd das Wasser herabfällt, speist das Becken. Das Zuleitungsrohr liegt verdeckt hinter Büschen und Sträuchern. Nur das letzte Stück, von dem aus das Wasser ins Becken läuft, wird sichtbar.

Vor dem Wasserbecken, in einer Kiesmulde, liegt eine Gruppe von kleinen Steinen, auf die das abtropfende Wasser

Wasserbecken

Den vielen Formen der japanischen Wasserbecken – ob hoch oder niedrig, ob aus behauenem Naturstein oder aus einem groben, verwitterten Steinblock – ist eines gemeinsam: ihre einfache, schlichte Gestaltungsweise. Sie können einem Gartenteil einen ruhigen, aber stimmungsvollen Akzent geben. In jeder Beckenform kommt die Natürlichkeit des Materials zur Geltung.

In der Nähe von Gebäuden findet man oftmals hohe, schmale Wasserbecken. Ein kleiner, an der Veranda angebrachter Steg ermöglicht das Benutzen der Schöpfkelle auch vom Gebäude aus. Niedrige, gedrungene Wasserbeckenformen finden sich gerne versteckt unter Bäumen an schattigen Plätzen. Das herabtropfende Wasser und die ständige Feuchtigkeit lassen den Stein sehr schnell vermoosen, was dem ganzen Bereich ein verwittertes Aussehen gibt. Meist steht das Wasserbecken in einer etwas vertief-

Steinsetzung am Wasserbecken.

beim Benutzen des Schöpfers auftrifft. Sie sollen verhindern, daß beim Reinigen der Hände das Wasser heraufspritzt.

Auch die übrigen Steine, die um ein Wasserbecken gesetzt sind, vertreten eine bestimmte Funktion, die auf die Nutzung, die sie bei der Teezeremonie hatten, zurückzuführen ist. Ihre Anordnung wurde auch in anderen Gärten beibehalten.

Der große Stein vor dem Wasserbecken dient dem Benutzer als Standplatz, von dem er sich zum Becken hinunterbeugt. Auf dem Stein rechts kann eine Laterne abgestellt werden, die in der Dämmerung Licht spendet. Der Stein links dient zum Deponieren eines Behälters mit heißem Wasser, der vor allem in den kühleren Jahreszeiten notwendig wird.

So hat auch hier jedes Ding seine spezielle Bedeutung und erfüllt seinen vorgeschriebenen Nutzen.

Verbunden mit dem Schönheitsgefühl der Japaner und ihrem feinen Empfinden für die Eigenart des Materials, wird das Wasserbecken zu einem Kleinod des japanischen Gartens.

Wie es sich in allen Details der japanischen Gestaltung herausgestellt hat, wird auf die sorgfältige Behandlung des Materials großer Wert gelegt.

Bei den Steinen, die für Wasserbecken verwendet werden, beschränkt sich die handwerkliche Bearbeitung auf ein relativ geringes Maß.

Immer steht auch hier der Gedanke im Vordergrund, das Wesen des natürlichen Steines nicht zu verfälschen, sondern es mit möglichst wenig Veränderungen in seiner ureigensten Ausstrahlungskraft zur Geltung zu bringen.

Landschaftsgarten. Schönbusch, Aschaffenburg.

Gärten als Ausdruck einer Lebensanschauung –
die Gegenüberstellung der japanischen
mit der europäischen Gartenkunst

Stil und Funktion

Bei der Betrachtung der Entwicklungsgeschichte japanischer Kunst, insbesondere der Gartenkunst, fällt die Beständigkeit und Konsequenz auf, mit der die japanischen Gestalter ihre vor Jahrhunderten entstandenen Stilrichtungen und Handwerkstechniken bis auf den heutigen Tag fortgesetzt haben.

Trotz des Heranwachsens einer modernen Industriegesellschaft haben sich in Japan gewachsene Handwerkstechniken noch weit häufiger erhalten können als es bei uns in Europa der Fall ist.

Die Verflechtung zwischen Tradition und Moderne ist in Japan so eng, daß auch heute noch Häuser und Gärten in der alten Bauweise konstruiert werden. Vielleicht liegt es daran, daß für den Japaner Fortschritt nicht gleichbedeutend ist mit der Verdrängung des Althergebrachten.

Außerdem liegt der Ursache für diese Denkweise eine vollkommen andere Anschauung der Natur zugrunde, die sich von der westlichen Betrachtungsweise unterscheidet. Bei uns hat sich der Mensch lange Zeit als Mittelpunkt des Universums gesehen. Er versuchte sich zum Herrn seiner Umwelt zu machen, ihr seine eigenen Gesetze aufzuerlegen und sie in feste Formen zu zwängen. Als Wertmaßstab galt nur der Erfolg des Menschen im Herrschen über die Natur. Dagegen war der Mensch in Japan, bedingt durch den schintoistisch-buddhistischen Glauben mit der Natur eng verbunden. Er sah sich als ein Teil der Natur, als ein Stück des Gesamten. Auch

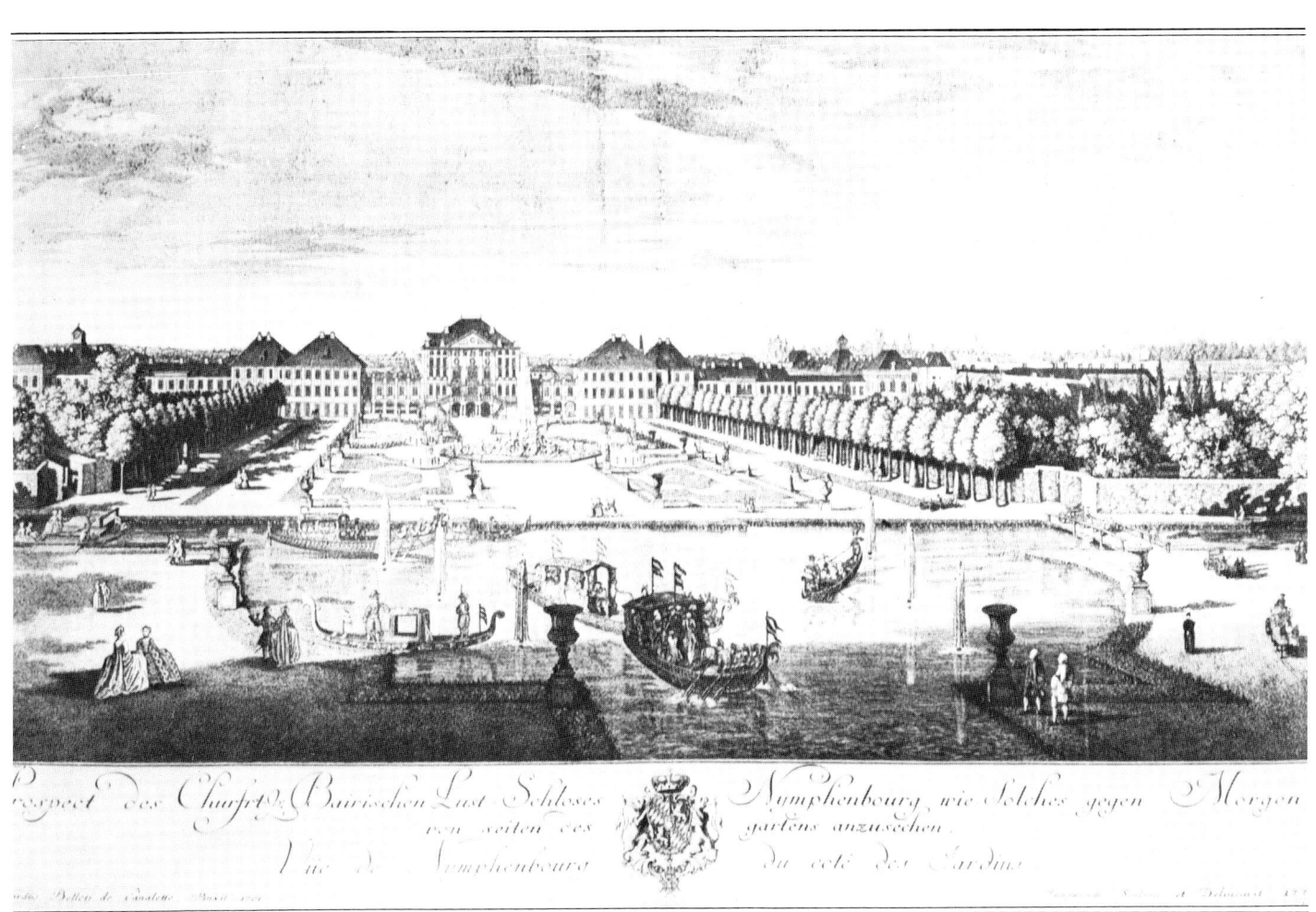

Schloßgartenanlage
Nymphenburg. Stich von
Canaletto; Schloß
Nymphenburg, München.

◀ Beispiel einer alten
japanischen Gartenanlage.

ihre Elemente, wie Steine, Wasser, Pflanzen und Tiere, erkannte er als Gleichbe-
rechtigte Teile des gesamten Universums
an.
Ein Gedanke, der im wesentlichen der
Gestaltung des Gartens zugrunde liegt,
ist die Idee, die Natur kennzeichnend
darzustellen. Doch geschieht dies nicht in
einer realistischen Form, die sich damit
begnügt, die Natur in bildhaften Zügen

nachzuzeichnen wie im Landschaftsgar-
tenstil. Man ist vielmehr bemüht, sie als
kunstvolle Schöpfung des Menschen in
den Garten zu projizieren. Während die
klassischen Gärten Europas lange Zeit in
streng architektonischem Stil angelegt
wurden und sich erst mit dem Einfluß
der Landschaftsgartenidee zu freieren
und natürlicheren Formen lösten, wollte
man in Japan immer schon Natur und

Hauptblickachse eines Barockgartens. Schloß Nymphenburg, München.

Einblick in einen japanischen Garten. Myoken-ji, Kyoto.

Landschaft im Garten zum Ausdruck kommen lassen.

Die Gärten in Japan wurden aus dem Bedürfnis heraus gestaltet, die Natur in höchster Vollendung und Vollkommenheit erleben zu können. Im Garten fanden sich der Platz und das Baumaterial, die Idealvorstellung von Natur und Landschaft optimal auszudrücken.

Er galt im allgemeinen nicht, wie zeitweilig die Gärten des Westens, als Prunk- oder Repräsentationsobjekt. Auch sollte er nicht in erster Linie der kulturellen Lebensgestaltung dienen, die das Leben ins Freie und in die Natur ausdehnen und zur Selbstdarstellung nutzen wollte.

Die Nutzungsansprüche an den japanischen Garten waren anderer Natur. Für die Priester und Mönche galt er als Ort der Andacht und Einkehr. Durch seine Abgeschiedenheit und Ruhe vermochte er die Meditationsübungen der Betenden zu unterstützen.

Dem Adel bot der Garten den Genuß stimmungsmäßig geschlossener Szenerien, die sich dem Betrachter beim stillen Durchwandern des Gartens von verschiedenen Standpunkten eröffneten. Beiden, Klerus wie Adel, gab der Teegarten den Rahmen für eine hochgeistige und ästhetische Kommunikation in besonders dafür geschaffenen Gartenteilen.

Um die optische Wirkung einer Gartenanlage am besten zur Geltung kommen zu lassen, bezieht sich ihre Gestaltung meist direkt auf den Standpunkt oder den Ort, von dem aus sie betrachtet werden soll. Dieser Gedanke gilt für die Gartenkunst des Ostens wie des Westens, wobei sie sich beide in ihren Belangen und damit auch in ihren Formen von jeher unterschieden haben.

In den klassischen Gärten des Abendlandes war es lange Zeit von Bedeutung, daß das ganze Gelände vom Hauptpunkt der Anlage, dem Schloß oder der Schloßterrasse aus bis an die weitesten Grenzen überschaubar war. Ganz bewußt waren die Parterreanlagen so angelegt, daß sie in einer vertieften Ebene lagen, und der Blick des Betrachters so in unermeßliche Weiten gelenkt wurde. Die Hauptblickrichtung wurde achsial in die Ferne ausgerichtet. Damit sollte die Ausstrahlung und Größe des absolutistischen Herrschertums demonstriert werden. Der japanische Garten dagegen strebte danach, möglichst geschlossene Räume darzustellen, die als Ausschnitte der Natur anzusehen sind.

Zwar waren Haus und Garten im Barock in ihrem Stil als Einheit zu verstehen, doch legte man den Garten nicht an, um sich mit der Natur zu vereinigen, sondern vielmehr um die Größe der Macht und den Prunk der Baulichkeiten im Freien fortzusetzen. Das Schloß bildete meist das Zentrum der Anlage.

Im Landschaftsgarten dagegen war das Gebäude nicht mehr als Mittelpunkt zu verstehen, sondern lag als Teil eingebettet in der Anlage. Ähnlich wie im japanischen Garten, in dem das Gebäude auch zu einem Element des Gartens wird, fügte es sich in das Gartenbild harmonisch ein.

Die strenge Symmetrie vieler Gärten Europas entsprach dem Machtgefühl der Zeit. Der Garten war eine Komposition aus geometrischen und architektonischen Formen, die im Zusammenwirken ihrer einzelnen Elemente wie Alleen, Skulpturen, Wasserachsen und Kaskaden große Ausdruckskraft gewannen.

Im japanischen Garten herrschte ein Zusammenspiel von einander asymmetrisch zugeordneten Elementen. Jede einzelne Form und jedes einzelne Element war den Regeln der Asymmetrie verbunden. Dies gab dem Eindruck des Gartens einen natürlichen Charakter.

Auch die Anlagen im Stil des Landschaftsgartens waren in freien und natürlichen Formen gestaltet und losgelöst von jeder zwingenden Geometrie.

Die Einbeziehung der umgebenden Landschaft ähnlich dem japanischen Garten, der sich zur Gestaltung seiner Gartenräume als Motiv die umgebende Landschaft ausgeliehen hat, findet sich auch im Landschaftsgarten.

Wie im japanischen Garten liegen auch hier die Umgrenzungen meist verdeckt. Wälder oder Berge werden als Bildmotive kulissenartig in die Gestaltung aufgenommen, während dem Garten im Vordergrund eine Rahmenwirkung zukommt.

Geschnittene Pflanzen. ▸
Großer Garten,
Hannover-Herrenhausen.

Geschnittene Hecken
gliedern die Anlage.
Großer Garten,
Hannover-Herrenhausen.

Pflanzen

Die Absicht natürlichen Elementen
durch entsprechende Bearbeitung einen
spezifischen Ausdruck zu verleihen, verdeutlicht sich im japanischen Garten
auch im Gestalten mit Pflanzen. Kunstvoll werden sie beschnitten und getrimmt. Dabei entscheidet die ursprüng-
liche Wuchseigenschaft der Pflanze ihren
Verwendungszweck und ihre spätere
Formgebung.

In Europa ist es ebenfalls schon seit
altersher üblich, Bäume und Sträucher in
Formen zu ziehen. Sie waren von dekora-
tivem Wert oder dienten wie in Japan zur
Einfriedung und Raumbildung.

Als Hochhecke geschnitten oder freiwachsend gliedern Baumreihen die Fläche und schaffen Räume.

Ihre Proportionen sind nach Länge, Breite und Höhe genau berechnet. Büsche,
die in regelmäßige Formen zu Zylindern,
Pyramiden oder Kugeln zugeschnitten
sind, wirken wie lebende Plastiken und
betonen die Symmetrie der Anlage. In
der Barockzeit war die Formenvielfalt
der Ornamente aus bunten Blumenpflan-
zungen oder farbigen Materialien mit
entsprechender Einfassung als Schmuck-
element von großer Bedeutung. Besonders bunte Blumen wie Rittersporn, Nar-
zissen oder Tulpen, deren Verwendung
sich oft nach der jeweiligen Mode richtete, waren in dieser Zeit in europäischen
Gärten beliebt.

Ornamentale Gestaltung
aus geschnittenen Pflanzen
und farbigem Kiesel.
Großer Garten,
Hannover-Herrenhausen.

Wasser

Während in der Barockzeit das Wasser in strengen, künstlichen Formen gefaßt wurde, gab man ihm in Japan nach den Linien der Natur geschaffene, oft mit Symbolismus verbundene Gestalt. In Europa mußte sich das Wasser ornamentalen Regeln fügen. In Form von Wasserachsen, Kaskaden, streng gefaßten Bassins und Fontänen ordnet es sich der Geometrie der barocken Anlagen unter. Im Landschaftsgarten erscheinen Teiche und Wasserläufe in natürlichen Formen und passen sich den Geländegegebenheiten an. Einfache Brücken ohne verschnörkelte Balustraden führen über das Wasser.

Die Brücken des japanischen Gartens hatten meist keine Geländer, es sei denn, sie waren chinesischen Vorbildern nachgebaut. Durch die geländerlosen Brücken war ein besonders enger Kontakt mit der Natur möglich.

Sowohl Brücken als auch Trittsteine, die übers Wasser führen, nutzt man in Japan, um neue Perspektiven in das Gartenbild zu bringen – ein Gestaltungsmotiv, das auch im Landschaftsgarten Anwendung findet.

Natürlich wirkende Teichformen im Landschaftsgarten.
Schönbusch, Aschaffenburg.

Plastiken aus Stein.
Großer Garten,
Hannover-Herrenhausen.

Materialbearbeitung

Mit großem handwerklichen Können und einer fantastischen Fähigkeit des ästhethischen Kunstempfindens entwickelten sich in Japan ausgewogene Details, die in Stil und Form so gut ausgestaltet sind, daß von einer Bearbeitung oft nicht sehr viel zu spüren ist.
Die Gartenmeister suchten Behandlungsmethoden zu finden, die dem Wesen des Materials gerecht werden und es in seiner Natürlichkeit voll zur Geltung bringen.

Oft werden Stein oder Holz in ihrem rohen Zustand verwendet oder nur, ihrer Struktur entsprechend, einfach bearbeitet. Weder durch Lackieren des Holzes noch durch Schleifen des Steins werden naturgegebene Strukturen verändert.
In der Barockzeit wurde der Stein steinmetzmäßig bearbeitet und fand als Mittel zur Höhenüberwindung in Form von Mauern oder Treppen Verwendung. Skulpturen und Plastiken aus Stein waren beliebte Schmuckelemente des Barockgartens und wurden einzeln oder in langen Reihen aufgestellt.

Schlußfolgerung

Im Laufe der Zeit haben sich mit der Veränderung der Lebensumstände auch die Gärten gewandelt. Sie dienen heute nicht mehr der Demonstration von Macht und Reichtum wie in der Barockzeit. Auch ist es kaum noch möglich, auf ausgedehnten Flächen Landschaftsgärten zu errichten. Und ebensowenig stellen sie noch das Stückchen Land dar, das, mit einem Zaun umgeben, in alter Zeit zur Anzucht von Nutz- und Heilpflanzen genutzt wurde. Heute steht der Garten im Dienste des modernen Menschen, der nach Ruhe und Erholung, aber auch nach Aktivität und Spiel in seinem Garten sucht. Zunehmend fährt sich unser Lebensrhythmus in Zweckdienlichkeit und Routinemäßigkeit unserer technisierten Umwelt fest. Dies läßt die Forderung nach einem ausgleichenden Gegenpol – einer Quelle der Ruhe und Erholung immer lauter werden.

Mit dem stetigen Anwachsen der Städte, mit der zunehmenden Industrialisierung und der daraus resultierenden Einschränkung des Freiraums erwachte im Menschen eine ungeheure Sehnsucht nach der Natur. Denn in den letzten Jahren scheint die Beziehung zwischen Natur und Architektur vielfach außer Acht geblieben zu sein. Die lebenswichtige Verbindung des Menschen zur Landschaft und zur Natur aufrechtzuerhalten, hat der Städtebau in vielen Fällen leider versäumt.

Naturfremde Betonarchitekturen zwingen den Menschen, seine Wohnung zu verlassen und der Natur »nachzujagen«, um sich in oft weit entfernten Erholungszentren, Naturparks oder der freien Landschaft von der Hetze des Alltags zu erholen.

In neuerer Zeit aber ist der Wille des Einzelnen, die Natur wieder in seiner urbanisierten Umwelt erleben zu können, stark gewachsen. Auch der Wunsch nach einem kleinen Plätzchen, das dem Menschen die Möglichkeit zu seiner freien Entfaltung bietet, wird in letzter Zeit zusehends immer lauter und nachdrücklicher geäußert.

Es ist für den modernen Gestalter of keine leichte Aufgabe, den Menschen des überindustrialisierten Zeitalters den engen Zusammenhang zwischen Menschenwerk und freier Natur wieder in erfaßbare Gegenwart zu bringen.

Deshalb sollten selbst die kleinsten Räume genutzt werden, um ein Reservoir zu schaffen, das innerhalb unserer Wohnsphäre einen Ort der Ruhe, Erholung und Besinnung darstellt. Vielleicht könnte es dadurch gelingen, den täglichen Lebensrhythmus des Menschen der Natur wieder ein Stück näher zu bringen.

Gerade hierin liegt die eigentliche Stärke des japanischen Gartens.

Japanische Motive in unseren Gärten.

Das Wechselspiel zwischen Funktion und Ästhetik – der japanische Garten als Vorbild

Die Verwendbarkeit japanischer Motive in unseren Gärten

In den vielen Vergleichen und Gegenüberstellungen der japanischen Gartenkunst mit der europäischen konnten wir sehen, daß es zwar viele grundlegende Unterschiede, aber auch eine ganze Anzahl verbindender Gemeinsamkeiten gibt, wie im Stil des Landschaftsgartens besonders deutlich wird. Hier zeigt sich die Wandlung, die sich im Menschen in der Einstellung zur Natur – im Anfang zur japanischen so konträr erscheinend – vollzogen hat.

Wenn wir dies bedenken, so stellt sich uns natürlich die Frage, inwieweit wir heute in der Lage sind, die japanische Gartenkunst zu verstehen und vor allem, welche Bedeutung die Elemente und Motive des japanischen Gartens für unsere moderne Gestaltung haben.

Die Regeln und Formeln der klassischen japanischen Gartenkunst boten eine vielfältige Palette von Gestaltungsvariationen. Doch hielten sich die Möglichkeiten dadurch auch in einem bestimmten Rahmen und waren – im Gegensatz zu den Voraussetzungen, die die heutige Gartengestaltung antrifft – in ihren Mitteln, die in den von der Natur gegebenen wie Stein, Wasser, Sand oder Holz bestehen, beschränkt. Auch in der europäischen Gartenkunst hatte sich der Gartenarchitekt nach den Gestaltungsprinzipien der jeweiligen Stilepoche zu richten.

Die heutige Bauweise ist größtenteils nach zweckgebundenen Zielvorstellungen ausgerichtet.

Vielleicht kann die Beschäftigung mit dem japanischen Garten einen möglichen Weg aufzeigen, um unseren Konflikt zwischen rationeller Planung und den Bedürfnissen einer überforderten Zivilisation zu lösen. Der Gedanke, japanische Kunst auch in Europa zu verarbeiten, ist grundsätzlich nicht neu. Ihre Einflüsse führen uns zurück bis in die Mitte des 19. Jahrhunderts.

Vor allem in der impressionistischen Malerei, aber auch in der Literatur, der Baukunst und nicht zuletzt in der Gartenkunst zeichneten sich Inspirationen japanischen Ursprungs ab.

Anfangs wurden vielfach japanische Kunstgegenstände als Modeartikel den Liebhabern fernöstlicher Kunst angeboten. Im europäischen Garten waren Accessoires wie japanische Steinlaternen, Pagoden oder Wasserbecken sehr beliebt. Vielfach wurde auch der Versuch unternommen, japanische Gärten nachzukonstruieren, oder sie von japanischen Gartenmeistern systemgerecht und originalgetreu einplanen zu lassen. Jedoch ist in solchen Fällen meist nur ein oberflächlicher Abdruck zu erwarten, der das eigentliche Wesen und den wirklichen Ausdruck nicht zu erfassen vermag.

Wir können nicht eine alte, gewachsene, in einem fremden Volk verwurzelte Tradition in unsere Gärten übertragen und dürfen uns nicht mit den Regeln einer uns fremden Vergangenheit zufrieden geben. Auch ist es nicht damit getan, daß sogenannte »echt japanische« Elemente in verfremdeter Umgebung und womöglich in verfälschter Funktion als Schmuckgegenstände und Ornamente unsere Gärten zieren. Es kann nicht die

Aufgabe eines Gartengestalters sein, kritiklos Fremdes zu kopieren.

Es sollte vielmehr sein Bestreben werden, den Garten nach den Ansprüchen und Bedingungen, die der moderne Mensch stellt, zu gestalten und mit heutigen Mitteln und dem Wissen um die fremde Tradition neue Formen zu schaffen. Dazu bietet die klassische japanische Gartenkunst der modernen Gestaltung eine ganze Palette von Anregungen und Möglichkeiten, die zum Teil auch schon in unsere Gestaltung mit aufgenommen worden sind.

Doch um diese vielen Inspirationen alle richtig verarbeiten zu können, muß erst der jeweils richtige Übersetzungsmodus gefunden werden, durch den uns das weite Spektrum der Ideen erst erschlossen wird. Denn nicht allein das Wissen und Nachvollziehen einer fremden Form genügt, um der neuen Gestaltungsabsicht auch gerecht zu werden, auch die Voraussetzungen dafür müssen gegeben sein. Die Analyse unserer Probleme und Bedürfnisse heute führt uns in andere Dimensionen, als es die im alten Japan waren. Gerade die Verbindung von funktionsbedingten und zweckgebundenen Einrichtungen, die der Japaner mit seinem künstlerischen Einfühlungsvermögen und seiner ästhetischer Kunstfertigkeit zu einem Gegenstand der Schönheit und Vollendung werden läßt, könnte Wegweiser zu neuen Gestaltungsformen in Europa werden. Dinge, die man vielleicht nur als praktische Notwendigkeit sehen würde, werden im japanischen Garten zu kunstvoll gestalteten Elementen, bei denen man oft nicht zu unter-

scheiden vermag, ob das Element nun der Funktion wegen gestaltet wurde oder die Situation um des Elementes willen geschaffen worden ist.

Viele Motive des japanischen Gartens sind für uns so wichtig und neu, daß sie in unserer modernen Gestaltung Eingang finden sollten.

Voraussetzung dafür wird aber bleiben, daß es uns gelingt, eine Formensprache zu finden, die, losgelöst von der alten Tradition Japans, auch uns lesbar und verständlich ist.

Das Sehen und Erkennen der Formen, das feine Gefühl für die harmonische Verbindung von Materialien kann uns viele neue Wege aufzeigen und zu neuem Denken inspirieren. Wichtig ist dabei die Erkenntnis, welche Motive übertragbar sind und für unsere Gestaltung weiterführend sein können.

Die folgenden Beispiele sollen die Vielfalt der Bereiche unserer Gärten aufzeigen, in denen mit japanischen Elementen gestaltet werden kann.

Die Möglichkeiten reichen vom abgeschlossenen Innenhof, dem stillen Hausgartenbereich bis zum Dachgarten und der öffentlichen Grünanlage.

*Gartenhof – Grundrißplan
und Bildausschnitt.*

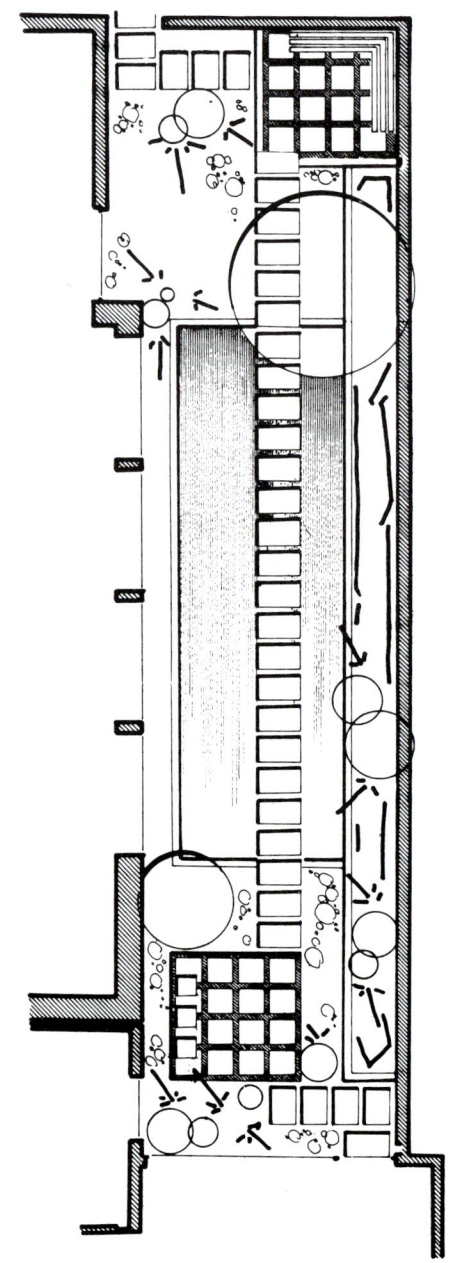

*Altersheim Marienhof,
Bad Honnef.*

Gestaltungsbereiche

Gartenhöfe, wie Lichthöfe, Innenhöfe
und Atriumhöfe, sind meist kleine, durch
Mauern und Wände abgeschlossene Gartenbereiche, die in unmittelbarem Bezug
zum Haus liegen. Da dieser Raum von
Innen ständig miterlebt wird, ist es besonders wichtig, ihn so zu gestalten, daß
der Ablauf der Jahreszeiten – vom ersten
Erblühen bis zum Färben der Blätter und
dem Fallen des Laubes – vom Wohn-
und Betrachtungsraum direkt miterlebt
werden kann. Gerade die Abgeschlossen-
heit eines Gartenhofes läßt an den japanischen Ansehgarten denken.

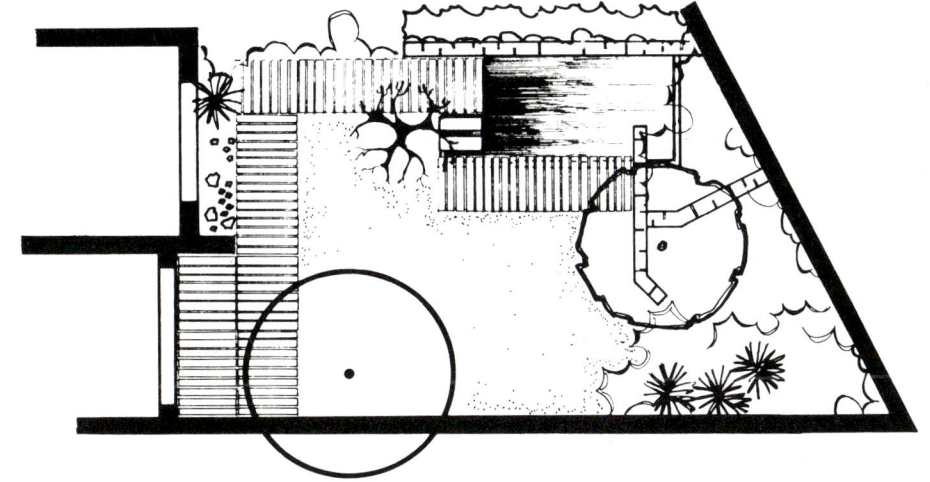

*Atriumhof eines Privat-
gartens.*

*Innenhof mit japanischen
Einflüssen.
Gesellschaft für Mathema-
tik und Datenverarbeitung
mbH Bonn,
Bereich Darmstadt.*

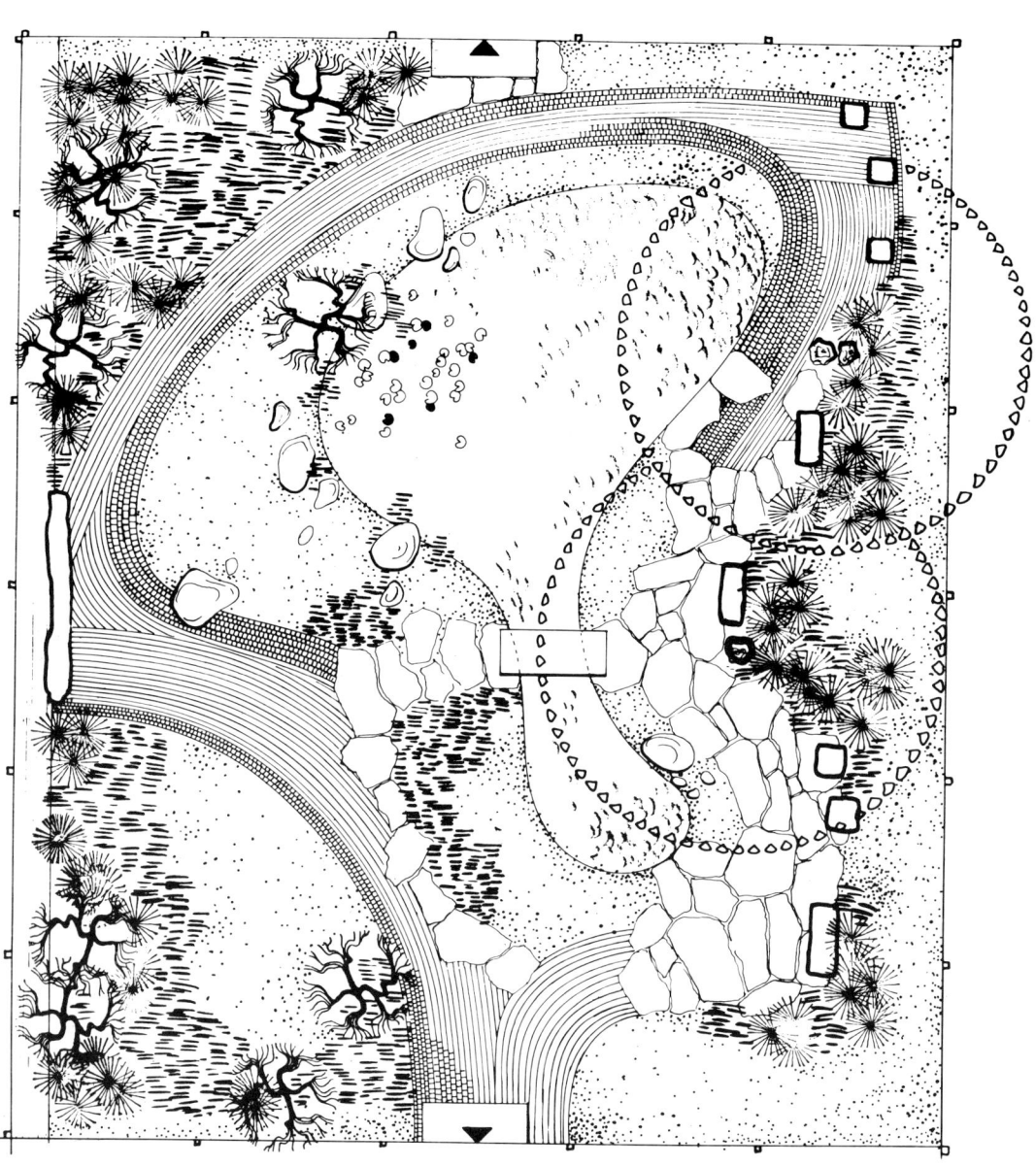

Grundrißplan zum Farb-
bild von Seite 93
Gesellschaft für Mathe-
matik und Datenverar-
beitung mbH Bonn.
Bereich Darmstadt.

Gartenhofbeispiele:
Innenhof

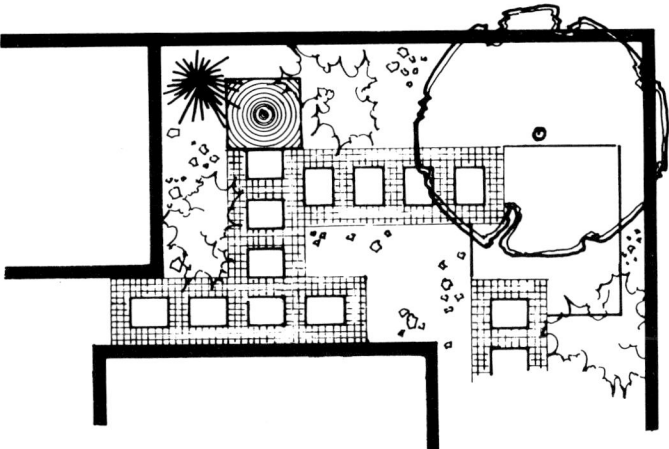

Badehof

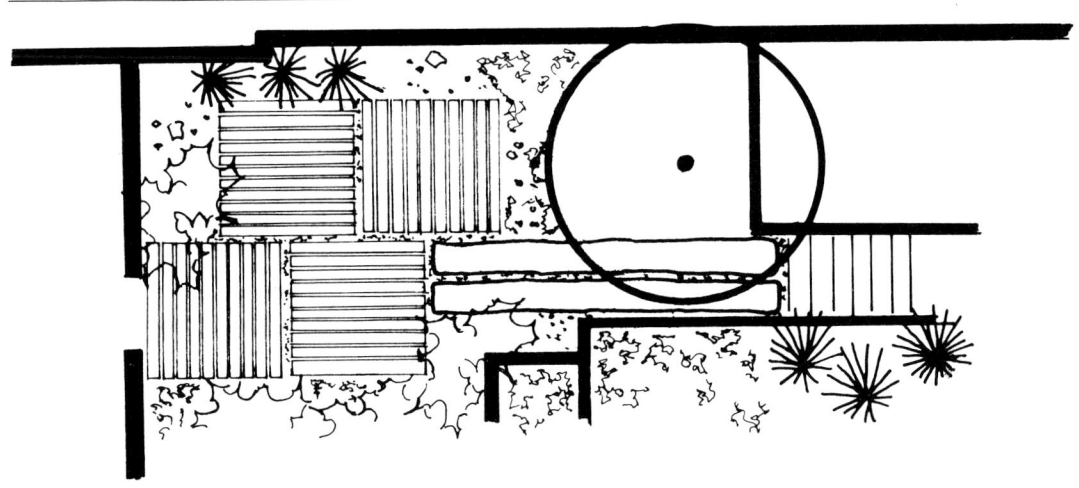

Lichthof

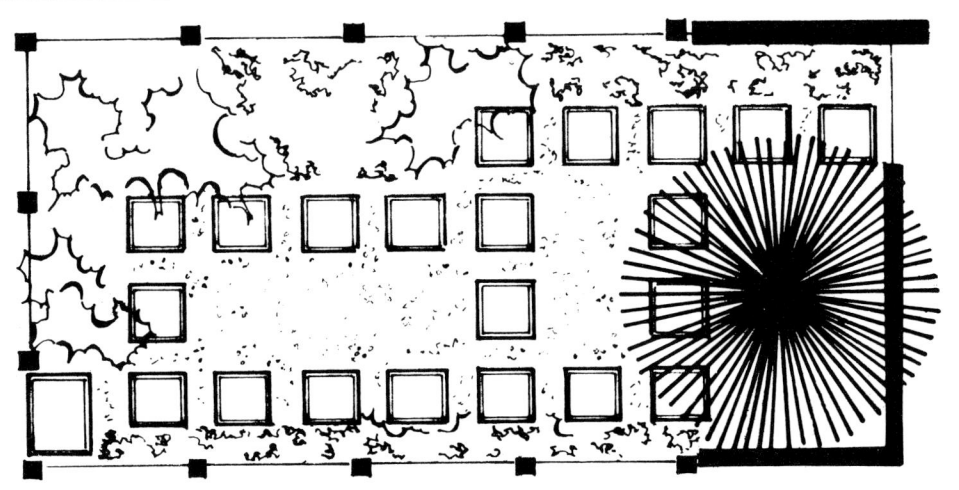

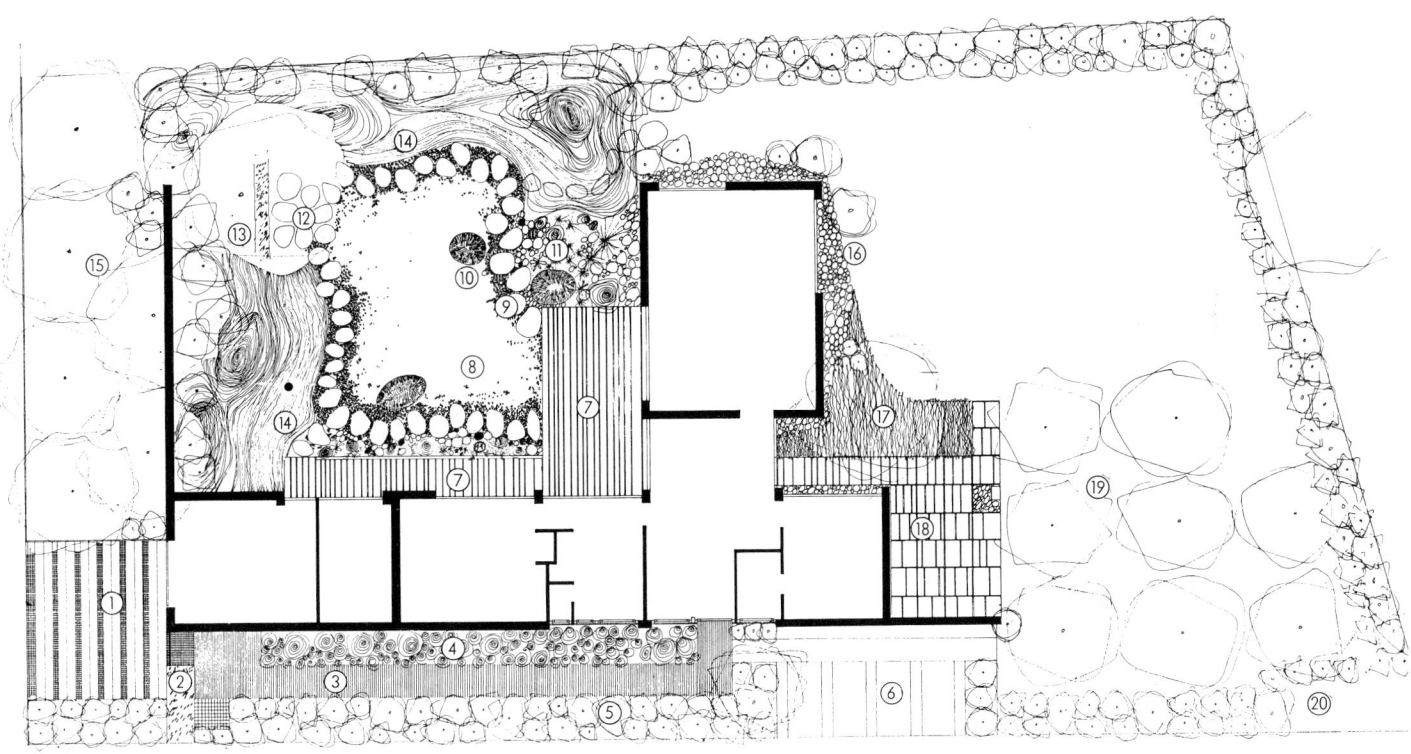

Bildausschnitt mit Grund-
rißplan.
Erwin und Therese Bock,
München.

1 Vorplatz (Gehsteigplatten mit Pflasterbän-
  dern)
2 Kasten für Müllboxen (Spitzbeton)
3 Eingangsweg (Granit-Kleinsteinpflaster)
4 Immergrüne Gehölze und Stauden
5 Gehölze
6 Kräuterbeete
7 Terrasse (Holzbohlen auf Stahlgerüst)
8 Kieselhof (Betonplatte B 225 mit Q 92 Mat-
  ten armiert, darauf Kiesel, von Hand in ein
  Mörtelbett gesteckt)
9 Trittplatten (Quarzit)
10 Findlinge
11 Kiesbett mit Gräsern und Zwiebeln

12 Sitzplatz unter der Kiefer
13 Sitzmauer aus vorhandenen Natursteinblöcken
14 Erdwall zu Hügeln modelliert, mit Cotoneaster dammeri bepflanzt, entlang der Mauer
   und an der Grenze immergrüne Gehölze aus
   Ostasien
15 dichte Gehölzpflanzung
16 Traufe aus gewaschenem Grobkies
17 japanische Kirsche, darunter Schatten-
   stauden
18 Sitzplatz und Weg (Quarzitbänder)
19 Obstbäume
20 Kompost

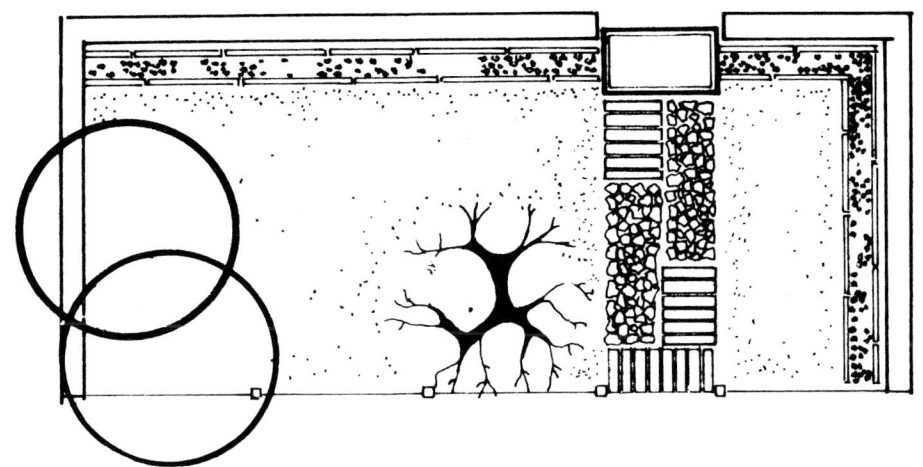

Eingangsbereiche

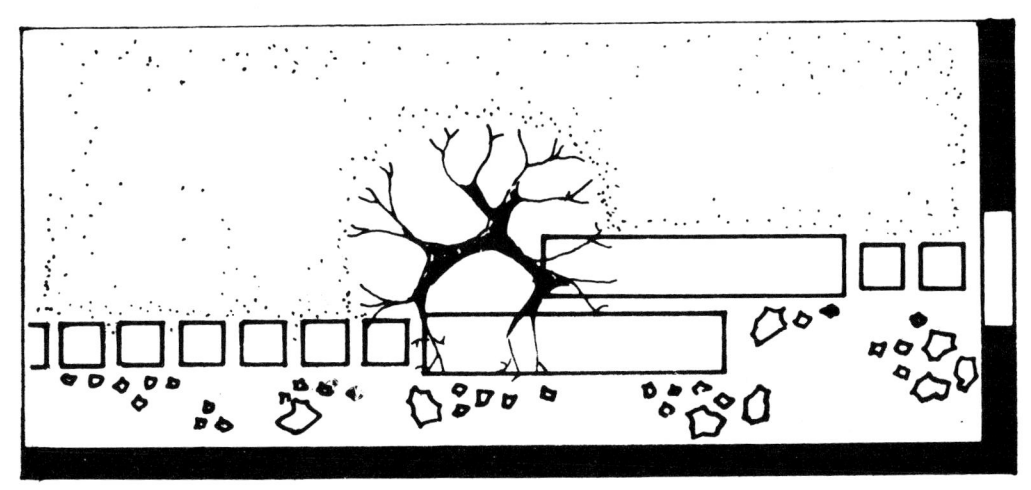

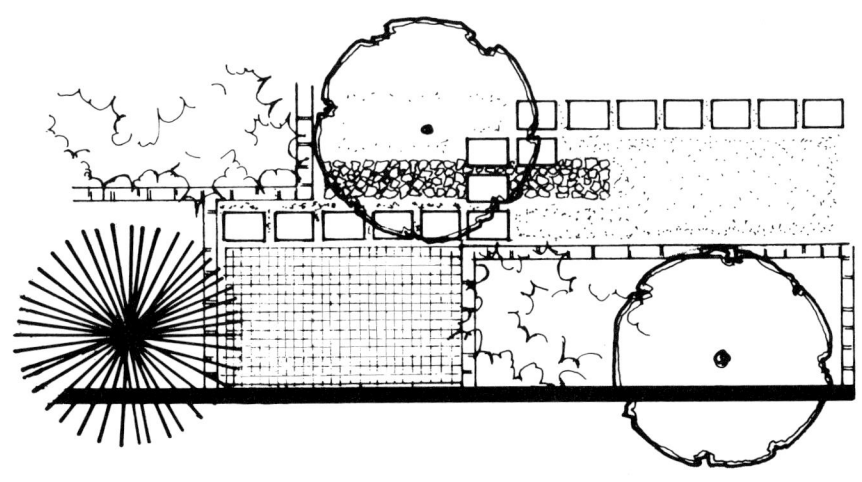

Sitzbereich

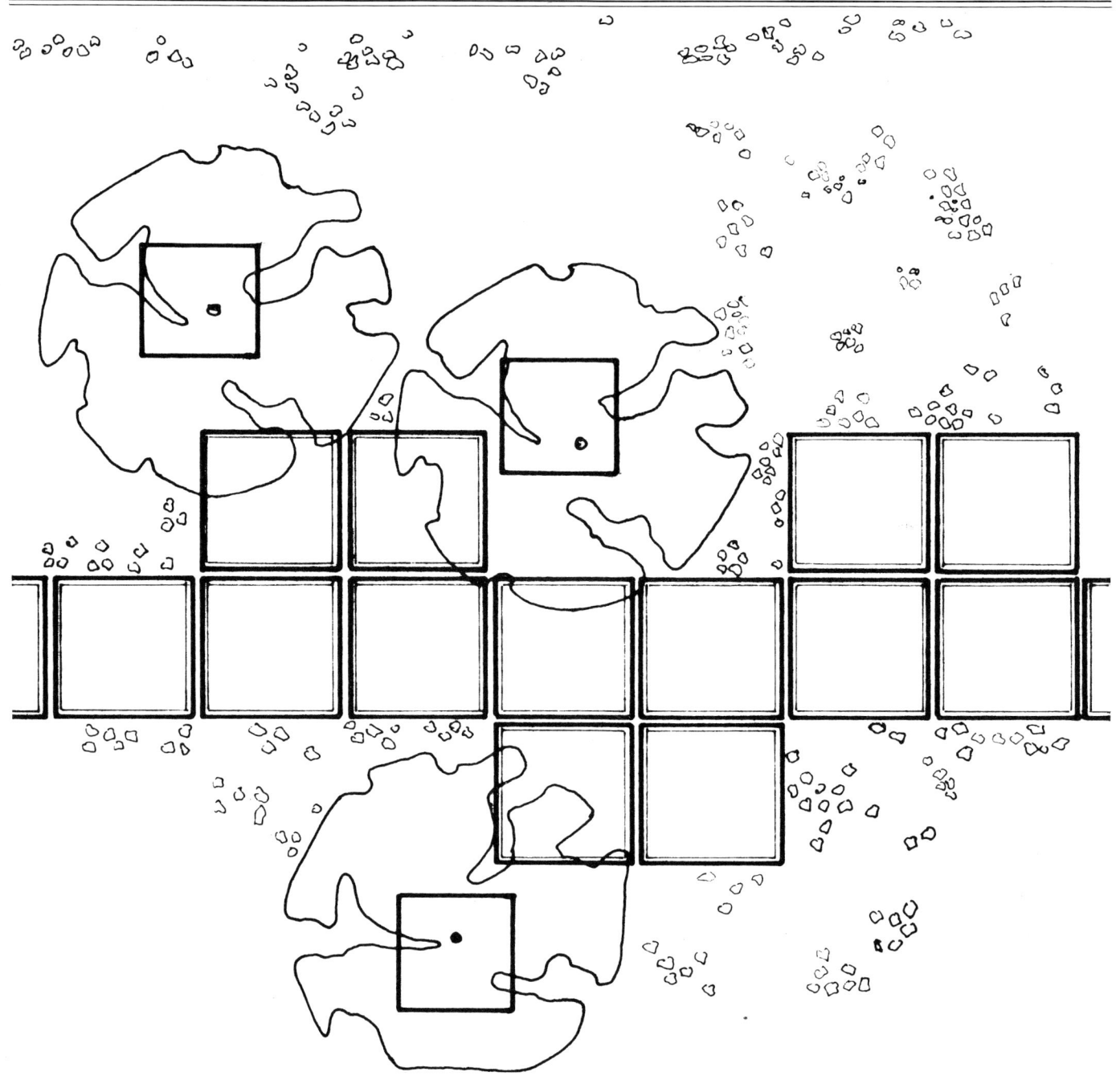

*Bildausschnitt mit ent-
sprechendem Plandetail.
Dachgartenanlagen auf
dem Personalrestaurant
der Firma Ciba-Geigy,
Basel.*

Vielfältige Möglichkeiten, besondere Gartenbereiche zu betonen, bieten sich auch in weiträumigen Wohngärten. Gerade in unseren, für die Freizeitgestaltung eingerichteten Gärten sucht man ein ruhiges Plätzchen, an das man sich ungestört zurückziehen kann. Besonders bei solcher Gelegenheit lassen sich viele Elemente des japanischen Gartens umsetzen, um den Inhalt dieses persönlichen Gartenraumes zu erhöhen und den Erlebniswert der Gesamtanlage zu steigern.

Sitzbereiche und Eingangssituationen erlauben es besonders, mit einfachen Mitteln und dem richtigen Verständnis gute Effekte zu erreichen.

Unter bestimmten Voraussetzungen bieten auch *Dachgärten* Möglichkeiten, mit japanischen Motiven zu gestalten. Eine dieser Voraussetzungen ist, daß der Dachgarten, selbst wenn er hoch über den Dächern einer Großstadt liegt, eine ausreichend hohe Begrenzung erfährt. Dachgärten, die nach allen Seiten offen

Trittplatten übers Wasser erinnern an japanische Vorbilder. Kriegsgräberstätte München-Waldfriedhof.

*Abgeschlossener Garten-
hof mit versetztem Holz-
steg.
Grün 80, 2. schweizerische
Ausstellung für Garten-
und Landschaftsbau,
Basel.*

sind, und die Aussicht über die ganze Umgebung freigeben, können, wenn sie den Blicken des Betrachters keinen ausreichenden Halt geben, weder Räumlichkeit noch ein Gefühl der Geborgenheit entstehen lassen. Im Schutz einer geeigneten Balustrade kann auch der Dachgarten ein Ort werden, an dem sich japanische Gestaltungsprinzipien umsetzen lassen. Die Balustrade gibt der dahinter liegenden Landschaft unter Umständen einen Rahmen und bezieht sie direkt in die Gestaltung des Gartens mit ein. Besonders in dicht besiedelten Gebieten entstehen oft Dachgärten, bei denen die angrenzenden Häuser und Bauwerke einen Rahmen bilden, der den Blick in die weitere Umgebung verstellt. Trotzdem gibt es Beispiele, bei denen durchdachte Architektur in Verbindung mit einer entsprechenden Gestaltung der Dachgärten Situationen schafft, die eine geborgene und ruhige Atmosphäre vermitteln. Diese Beispiele zeigen, daß große Humusaufschüttungen für üppige Baum- und Strauchpflanzungen auf Dachgärten nicht unbedingt Voraussetzung dafür sind, daß gute Lösungen entstehen. Die gezielte Verwendung von Pflanzen in Verbindung mit anderen Gestaltungselementen wie Wasserflächen kommt auch der meist begrenzten Tragfähigkeit von Dachflächen entgegen. Entsprechende Wegeführung und die Verwendung von Kieseln und Steinen runden das Bild einer gelungenen Gestaltung ab.

Nicht nur auf private Hausgärten oder der Öffentlichkeit normalerweise unzugängliche Gartenhöfe und Dachgärten lassen sich Elemente und Motive der japanischen Gartenkunst übertragen. Unter gegebenen Umständen gibt es sicherlich auch Möglichkeiten, in *öffentlichen Anlagen* mit japanischen Gestaltungsmotiven zu arbeiten. Vor allem Sitzbereiche in Kuranlagen, Parks oder Fußgängerzonen, aber auch Eingangssituationen an öffentlichen Gebäuden oder Anlagen bieten manches Mal hierfür die gestalterischen Voraussetzungen. Besonders in Verbindung mit Wasser lassen sich japanische Gestaltungsmotive auch bei öffentlichen Anlagen sinnvoll verwenden. Dennoch muß man in Bereichen der Öffentlichkeit genau die Funktion und Lage der Anlage berücksichtigen, um feststellen zu können, ob sich solche Stilelemente überhaupt eignen.

Die Grundbedingung für eine Übertragung japanischer Stilelemente in unsere Gärten sollte immer der ernsthafte Wille sein, einer gestalterischen Aufgabe neue Inhalte zu geben.

Die bloße Absicht, einen besonderen »Gag« einzubauen, wird wohl – gleichgültig, ob in einem Hausgarten oder einer öffentlichen Anlage – als oberflächliches Stückwerk zum Scheitern verurteilt sein.

Liebevoll ausgestaltetes Vogelbecken.

Die Synthese – Gestalten nach Motiven aus dem japanischen Garten

Neue Gestaltungsideen

Hinter jedem Element im japanischen
Garten steht der Wille und das Bemühen
um die Darstellung des Schönen.

Das künstlerische Einfühlungsvermögen,
mit dem die japanischen Gärten gestaltet
sind, und das Empfinden für den Ausdruck schlichter, einfacher Formen können uns vielleicht dazu anregen, über die
Verwendung und Bearbeitung der Materialien mehr nachzudenken, um damit
neue Gestaltungsrichtungen zu finden. In
der Auffassung und der Darstellung von
Gestaltungsabsichten lassen sich viele
Ideen ableiten, die uns selbst im kleinsten
Detail neue Wege öffnen.

Viele unserer modernen Gartengestalter
haben sich schon mit der japanischen
Gartenkunst auseinandergesetzt und versucht, eine Synthese zu finden. Teilweise
haben sie sich dabei bewußt vom japanischen Vorbild leiten lassen, manchmal
aber mögen die japanischen Einflüsse
auch unbewußt geblieben sein.

Fast immer aber entstanden Gärten, die
einen eigenen Reiz besitzen, und den Betrachter vollständig für sich einnehmen.
Der Grund hierfür mag darin zu suchen
sein, daß sich diese Gartengestalter frei
gemacht haben von Klischeevorstellun-
gen und versuchten, japanische Gestaltungsmotive in unsere Formensprache
und unsere Werkstoffe zu übertragen.
Diese Ideen sollten uns ermutigen, den
begonnenen Weg weiter zu beschreiten
und auszubauen.

Einige besonders geeignete Gestaltungselemente sollen im folgenden eingehen-
der beschrieben werden.

Harmonisches
Zusammenspiel von Stein
und Pflanze.

Privatgarten
Erwin u. Therese Bock,
München.

Gestalten mit Steinen

Besonders schöne, ausgesuchte Steine
finden schon seit geraumer Zeit als Mittel zur Form und Raumgestaltung in unseren Gärten Verwendung.

Auch wenn ihr Gebrauch nicht mit
einem Steinkult und symbolischem Gehalt verhaftet sein kann, wie im japanischen Garten, so stellen sie doch auch bei
uns vom raumbildnerischen Aspekt gesehen ein wichtiges Gestaltungsmotiv
dar. An der richtigen Stelle plaziert, kann
es wie in Japan einem Gartenbereich besondere Ausdruckskraft verleihen. Steine
von natürlicher, unbearbeiteter Form
vermitteln im gestalteten Garten eine naturhaft eigenwillige Schwere und Festigkeit. Verwendet man Steine in Kombination mit Pflanzen, wie Gräsern oder ausdrucksvollen Laubgehölzen, entsteht
sehr schnell ein etwas verwildertes
Ensemble.

Ein ausgewogenes Verhältnis zwischen
Fläche und Raum ist für die Gesamtwirkung eines Steinarrangements ausschlaggebend. Der Stein darf nicht nur oberflächlich plaziert werden, damit er nicht
als Fremdling unter den übrigen Elementen wirkt, sondern muß als Motiv in die
Gesamtanlage eingegliedert werden.
Das heißt, der Stein soll zu einem im Garten verankerten Element werden, das
praktisch genauso mit dem Garten verbunden und verwurzelt ist wie ein Baum,
der als gewachsener Bestandteil erscheint.
Für die Verwendung von Steinen, die gestalterische Aussagen besitzen sollen, gilt
als Grundbedingung das richtige Erkennen ihrer Wesensform.

*Unregelmäßiger Tritt-
plattenpfad in gestecktem
Kiesel.
Erwin u. Therese Bock,
München.*

Regelmäßige Betonplatten ▶
*betonen die Geradlinigkeit
dieses Wegeverlaufs.*

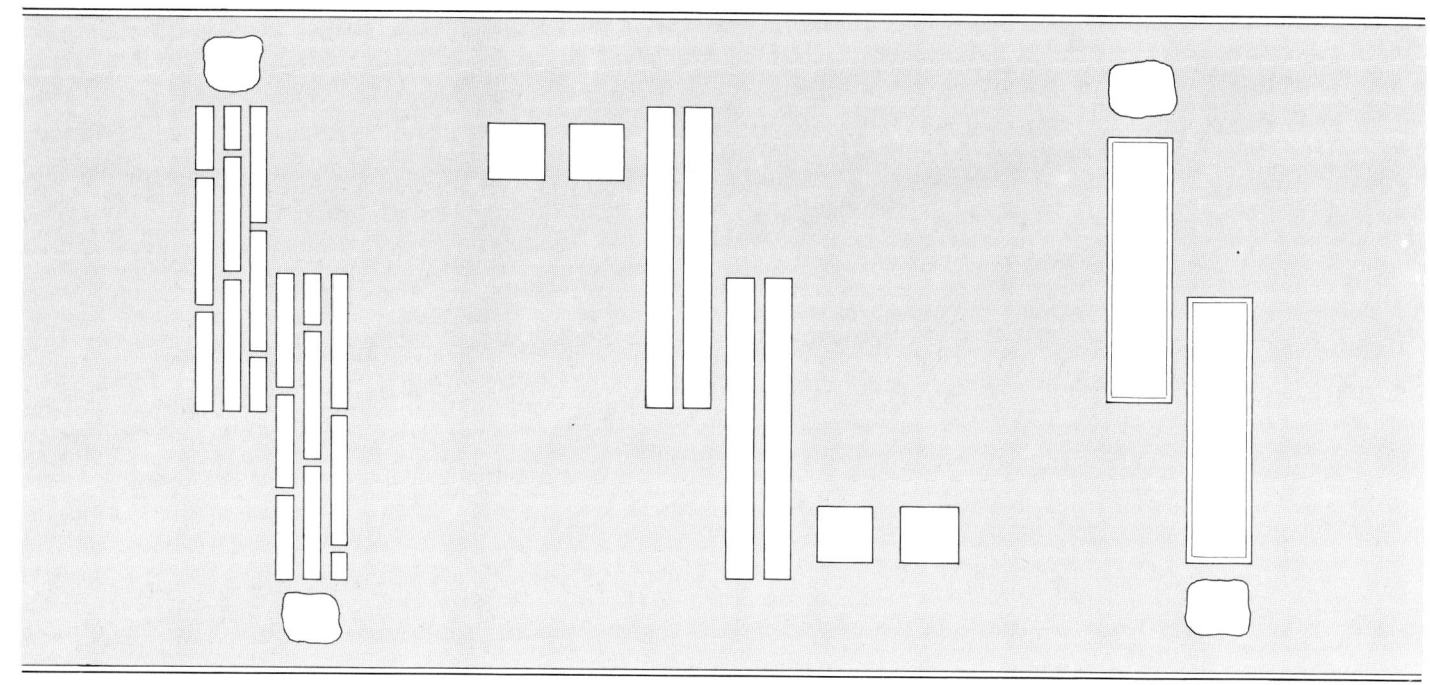

Wege und Pfade

Auch im europäischen Garten werden gerne Trittsteine verwendet, um zu den verschiedenen Bereichen einer Anlage Verbindungen herzustellen.

Neben der praktischen Funktion der Wegeführung können Trittplatten gleichzeitig zur ästhetischen Gestaltung beitragen und Akzente setzen.

Das japanische Beispiel zeigt viele Möglichkeiten, Trittsteine in ausgewogenem Verhältnis und in harmonischem Spannungsraum zu verlegen.

Schwungvoll in wohlüberlegtem Rhythmus angeordnet, ziehen sich Schrittsteinpfade durch unsere Gärten. Auch regelmäßig bearbeitete Betonplatten, in künstlerisch ausgereifter und vollendeter Form versetzt, erinnern an das japanische Vorbild.

Das im japanischen Garten sehr oft erscheinende Motiv der versetzten länglichen Steinplatten könnte auch für unsere Gärten interessante Anregungen bieten, um lange Gartenpfade zu untergliedern oder in beengten Gartensituationen Gehmöglichkeiten zu schaffen.

Materialien wie Nagelfluh, Granit oder Quarzit, aber auch Beton und Kunsttravertin sind dafür geeignet. Ebenso ergeben sich im Kombinieren verschiedener Platten- und Steinarten viele Strukturen.

*◀ Lange, rechteckige Stein-
platten im Versatz
angeordnet, bieten viele
Gestaltungsmöglichkeiten.*

Die interessante gestalterische Wirkung
die beim Zusammenfügen von Trittsteinen und anderen Materialien entsteht,
zeigt sich deutlich in der gemeinsamen
Verwendung von Kiesel und Steinplatten. Beim Zusammenspiel von fein- oder
grobkörnigem Kiesel und flachen Platten
wird durch die unterschiedlichen Struk-
turierungen eine Spannung erzeugt, die
die Schönheit und den Ausdruck des einzelnen Materials wesentlich zu steigern
vermag. Es entsteht ein harmonisches
Zusammenwirken von Strukturen, das
sich vielseitig zur Geltung bringen läßt.
So können zum Beispiel im Bereich vor-
springender Dächer, unter denen ein
Pflanzenwuchs nicht mehr möglich ist,
Kieselflächen gestaltet werden, durch die
Trittplatten hindurchführen.

*Regelmäßige und
natürliche Trittplatten –
unterschiedliche Stein-
strukturen und Formen
ergänzen sich.*

Auf diese Weise wird der Traufbereich
des Hauses genutzt, um eine praktische
und gestalterisch interessante Verbindung herzustellen. Unter dem Schutz des
Dachvorsprungs sind die Trittplatten
auch bei Regen begehbar, während das
herabtropfende Wasser in der breiten
Kiesfläche versickern kann.
Auch in anderen Gartenbereichen kann
die Anlage von Kiesbeeten ein reizvolles
Gestaltungsmotiv darstellen.
Die Begehbarkeit sollte nie durch fest angelegte Wege, sondern immer in Form
von locker angeordneten Trittsteinen angeboten werden. Diese Steine können sowohl aus Naturstein als auch aus modernem glatten Sichtbeton hergestellt sein,
der sich gut mit allen Kieselarten zusam-
menstellen läßt.

Steinpfade und Wegeflächen, aus gleichartigen einfachen Pflastersteinen zusammengefügt, heben die natürliche Schönheit des Materials besonders hervor.

Für unsere Gärten etwas ungewohnt, aber bestimmt sehr eindrucksvoll und vielseitig verwendbar, stellt sich die Verbindung von unregelmäßigen und handwerklich bearbeiteten Steinen dar. Natursteine und Betonplatten verzahnen sich zu interessanten Mustern. Eine Reihe von Beispielen soll Möglichkeiten und Gestaltungsvariationen dazu aufzeigen.

Pflasterweg aus Natursteinen.

Kombinationsbeispiele
von natürlichen und bear-
beiteten Steinmaterialien
nach japanischem Vorbild.

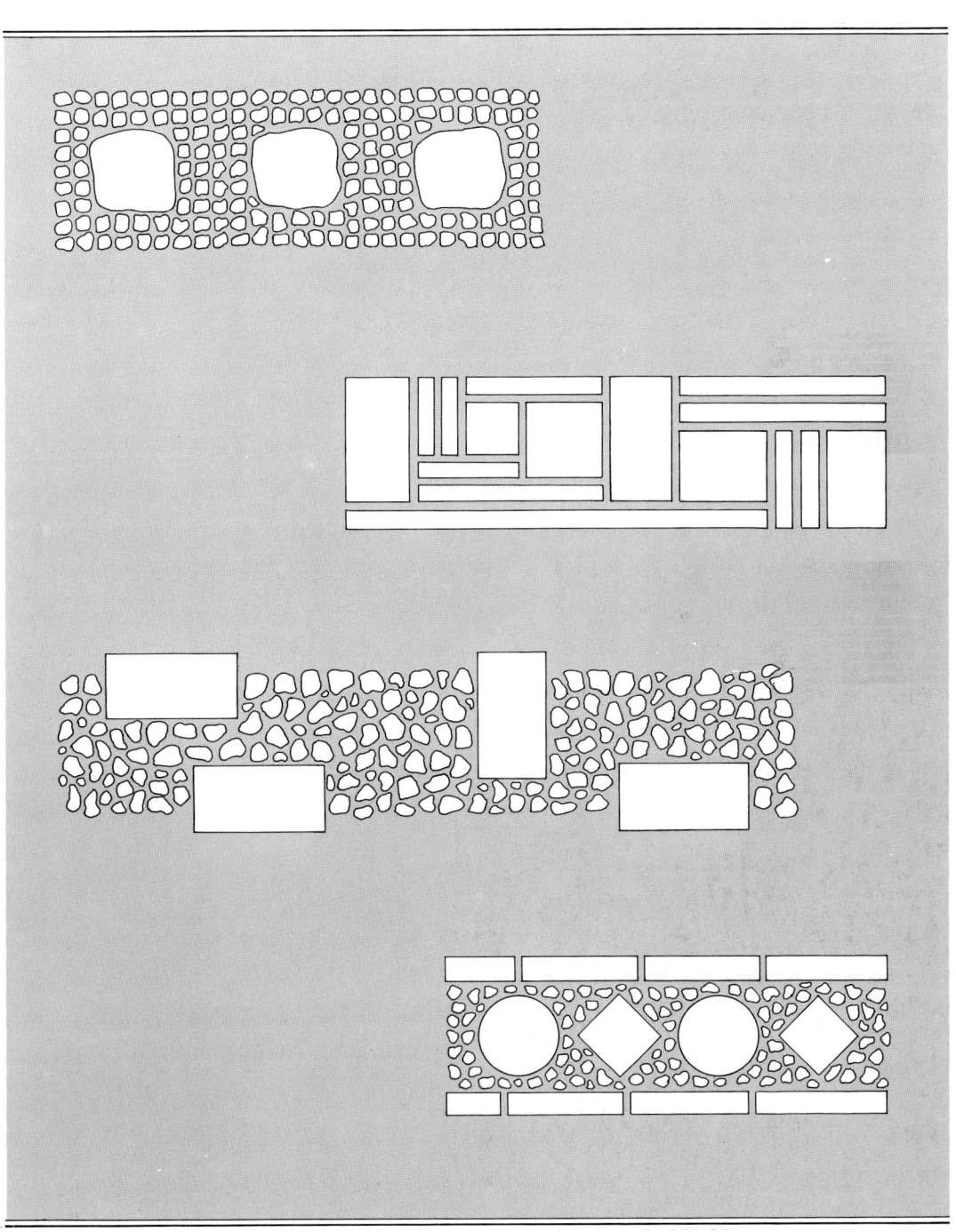

Die Vielfalt der Variationsmöglichkeiten beim Gestalten mit Trittplatten als Bodenbelag ist praktisch unbegrenzt. Die Fortführung des Gedankens, Trittplatten als Wegebefestigung zu nutzen, endet darin, daß man großformatige Platten auch als flächiges Gestaltungsmittel gebraucht. Um ein gutes Gesamtbild zu erhalten, muß ein mindestens 10 cm breiter, regelmäßiger oder unregelmäßiger Fugenabstand zwischen den einzelnen Platten eingehalten werden. Er bewirkt, daß die Struktur der Steine auch in der Fläche erhalten bleibt, wobei es unerheblich ist, ob rechteckige oder polygonale Platten verwendet werden. Am besten dürften sich aber Natursteinplatten eignen, die unterschiedlich in Format und Fugenverlauf sind. Die entstehenden breiten Fugen können nun mit verschiedensten Materialien geschlossen werden. Gut eignen sich hierfür gewachsene, runde Flußkiesel, die, in ein Mörtelbett gesteckt, einen schönen Kontrast zur Farbe der Platten ergeben und die Unregelmäßigkeit des Flächenbelages noch steigern. Unter Umständen können als Fugenfüller ohne weiteres auch verschiedene Pflanzen Verwendung finden, wie zum Beispiel niedrige Bodendecker oder auch Gräser und verschiedene Stauden, die nicht zu stark wuchern. In halbschattigen Lagen wirkt darüber hinaus auch Moos sicher besonders schön.
Aber auch Pflastersteine aus Granit, Basalt oder Porphyr kommen in Frage.

Ein besonders faszinierendes Motiv, das uns im japanischen Garten überall begegnet, sind Trittplatten, die über Teiche und Bäche führen.

Auch bei uns sind sie zu einem beliebten Element geworden, um Wasserflächen zu überqueren. Die Anziehungskraft, die sie im japanischen Garten besitzen, bleibt auch in unseren Anlagen nicht ohne Wirkung.

Besonders kleine Wasserflächen werden mit Hilfe von einfachen Trittsteinen zu interessanten Gestaltungsmotiven. Sowohl unregelmäßige Trittplatten aus rohen Natursteinblöcken, als auch regelmäßig geformte Steinmaterialien kommen zur Verwendung. Verlegerhythmen in freier Form oder streng gegliederter Anordnung werden harmonisch auf die Form der Wasserflächen abgestimmt.

Regelmäßige, bearbeitete Natursteinplatten in Kleinsteinpflaster.

Auch unregelmäßige Plattenformen fügen sich in Pflaster.

Grob behauene Trittsteine führen über einen Teich.

Geradlinig und streng – Waschbetonplatten als Trittsteine im Wasser. Altersheim Marienhof, Bad Honnef.

Runde Waschbetonsteine ermöglichen das Über-queren des Teiches.

Brücken

Die Brücke als bewußtes Gestaltungsmittel im Garten einzusetzen, ist für uns
Europäer im Normalfall etwas unge-
wöhnlich, wohl deshalb, weil man
glaubt, daß sie im allgemeinen mit der
Anlage von großen Wasserflächen verbunden ist. Das Beispiel der japanischen
Gärten aber zeigt uns, daß es keineswegs
Bedingung sein muß, Brücken und Wasser im Garten voneinander abhängig zu
machen. Gerade die Verwendung von
Kiesel oder Sand anstelle des Wassers
vermag die Form der Brücke als Gestaltungselement noch zu steigern.

So läßt sich ein Kiesbeet, mit Gräsern
und Stauden bepflanzt, durch eine einfache Brücke überqueren. Die flache Kiesfläche, einem ausgetrockneten Flußlauf
gleichend, betont die Konstruktion der
Brücke.

Doch vielleicht ist es ganz reizvoll, eine
Brücke im Garten einmal nicht in erster
Linie wegen ihrer notwendigen Funk-
tion, sondern wegen der Schönheit ihrer
Form zu verwenden. Die japanischen
Gärten können uns in dieser Richtung
viele Anregungen bieten.

Die wohl einfachste Art, eine Brücke
oder einen Steg zu bauen, ist mit Hilfe
von Holzbrettern und Pfählen, die in ihrer Einfachheit und Natürlichkeit einem
Winkel im Garten besonderen Reiz verleihen kann.

Sehr viele Möglichkeiten, Brücken im
Garten zu gestalten, bieten Steinblöcke
oder entsprechende Betonfertigteile.
Steinstege aus einzelnen Steinblöcken
oder aus zwei Teilen zusammengesetzte
Brückenkonstruktionen entstehen. Die
sichere und standfeste Auflage an der Fu-

*Einfacher Holzsteg
zwischen Gräsern und
Seerosen.
Bundesgartenschau Bonn.*

*Unten:
Steinbrücken aus zwei Teilen
zusammengesetzt, eignen sich gut als
Gestaltungsmotive für unsere Gärten.*

*Die Zick-Zack-Brücke, ein
Motiv aus dem japanischen
Garten, könnte auch bei
uns verwendbar sein.*

ge der beiden Steine muß natürlich ge-
währleistet sein. Dies geschieht am besten durch einen in die Erde eingelasse-
nen schweren Auflagestein, der möglichst aus dem gleichen Material wie die
Brückensteine bestehen sollte.
Doch die beiden Steinteile lassen sich
auch in anderer Weise verarbeiten, man
denke dabei an die versetzt angeordneten
Brückensteine im japanischen Garten. In
diesem Fall muß der Auflagestein so breit
sein, daß beide Platten fest aufliegen
können.
Vor allem für größere Wasserflächen geeignet ist die Zick-Zack-Brücke. Sie entsteht durch das Aneinanderreihen von

*Schlichter Steg aus einem Betonfertigteil.
Gesellschaft für Mathematik und Datenverarbeitung mbH, Bonn, Bereich Darmstadt.*

gegeneinander abgewinkelten Stegen und läßt sich relativ leicht aus Balken, Brettern oder auch Steinplatten konstruieren. Von großem Reiz sind Zick-Zack-Brükken, wenn sie durch entsprechend bepflanzte Sumpfzonen führen, die den ständigen Richtungswechsel der Laufrichtung noch unterstreichen sollen. Auch einfache Steinbrücken aus Naturstein oder Beton, die über eine Teichver-

engung, einen Bach oder vielleicht über ein Kiesbeet führen, können in den Garten eine interessante Abwechslung bringen. Sehr einfach lassen sich solche Brükken aus Betonfertigteilen herstellen. Die Spannbetonkonstruktion erlaubt es, auch einfach gebogene Steinbrücken zu bauen, die den japanischen Einfluß deutlich werden lassen und doch aus modernem Material bestehen.

*Die Uferform bestimmt
den Teich.
Landesgartenschau, Ulm.*

◀ *Diese leicht gewölbte
Spannbetonbrücke läßt
japanische Einflüsse spürbar werden.*

Wasser

Ruhiges oder bewegtes Wasser ist seit alters her eines der beliebtesten Elemente bei der Gestaltung von Gärten. Sein besonderer Zauber liegt vermutlich darin, daß es einem Gartenraum eine ganz besondere Note zu geben vermag. Dabei kann es sich sowohl um einen Ausdruck der Bewegung als auch der Stille handeln. Gerade bei der Verwendung von Wasser entstanden in Japan viele Gestaltungsweisen, die mit einem hohen Grad technischer Perfektion verbunden waren. Wasser ist für den Japaner und seine Gärten so wichtig, daß er es in bestimmten Gartenformen symbolisch durch Kiesflächen oder Sand darstellt. Die absolute Priorität, die der Japaner dem Gestalten mit Wasser einräumt und die

Vielfalt seiner Erscheinungsformen könnte auch für uns beispielgebend sein. Wasser muß nicht unbedingt in Form eines weiten Teiches angelegt werden, der mit Booten befahren werden kann; genauso reizvoll ist es, Wasser in kleinen Gartenräumen zu verwenden, und ihm hier eine gewisse Vormachtstellung einzuräumen.

Die intensive Gestaltung von Innenhöfen oder kleinen Eingangsbereichen kann mit Hilfe von Wasser eine wesentliche Bereicherung erfahren. Wichtig ist dabei, daß Wasserfläche oder Bach nicht den räumlichen Bezug und die entsprechende Proportion zum übrigen Gartenraum verlieren.

Die einfachste Methode, mit Wasser im Garten zu arbeiten, besteht in der Anlage eines Wasserbeckens oder Teiches. Ist der Teich groß genug, können auch Trittplatten hindurchführen oder eine Brücke darüber geschlagen werden. Immer sollten Wasserflächen einen Hintergrund haben, sei es eine Mauer, eine Hecke, lockere Pflanzung oder eine Modellierung. Die Gestalt der Wasserfläche muß sich dem Hintergrund anpassen und

Wasser im Garten – in Form von asymmetrisch gesetzten Kugeln. Alfred Späh, Innenarchitekt, Essen.

Kleiner Wasserfall, über Steinplatten herabfließend. Landesgartenschau, Ulm.

Verbindung zur Umgebung schaffen. Belebende Elemente im Garten können auch Wasserfälle und Bäche sein, die in einen Teich oder ein Wasserbecken münden. In der Regel wird ein Bachbett im Randbereich aus großen Steinen gebaut. Den notwendigen dichten Untergrund gibt eine Kunststoffolie, eine Lehmschicht oder ein Betonbett. Nur muß darauf geachtet werden, daß der Bach ein ausreichendes Gefälle besitzt, damit das Wasser auch eine entsprechende Strömung erreichen kann. Sind größere Höhensprünge zu überwinden, bieten sich Wasserfälle geradezu an. Das rauschende Wasser, das über große Steine oder Felsplatten herunterfällt, vermittelt einen lebendigen, bewegten Eindruck.

Kleinere Teiche oder Wasserbecken können auch durch Quellsteine gespeist werden. Verwendbar sind behauene Steinblöcke oder- formationen aus modernen Materialien wie zum Beispiel Betonkugeln. Auch alte Mühlsteine lassen sich zum Bau einer Quelle einsetzen.

Eines jedoch ist all diesen Elementen eigen: das Geräusch des plätschernden und rauschenden Wassers, das einen ganzen Gartenbereich plötzlich aufwertet und ihn unversehens durch einen naturhaften, abgeschiedenen Charakter prägt, der zum Verweilen einlädt.

Man kann sagen, daß jede Form von bewegtem Wasser, ob als Wasserfall, Quellstein oder Brunnen, immer eine Besonderheit im Garten darstellt, die es wert ist, hervorgehoben zu werden. Der Reiz solcher Gartenräume sollte auch in Zukunft bei unserer Gestaltung mehr beachtet werden.

Oben: Bemooster Stein am Teichrand.

Unten: Mit gestecktem Kiesel gestaltete Uferregion.
Erwin u. Therese Bock, München.

Aufmerksamkeit verdient auch die Gestaltung der Uferlinie und ihre Befestigung. Gerade der Randbereich zwischen Wasserfläche und Ufer wirft oft besondere technische Probleme auf.

Die japanischen Gärten zeigen uns Details, bei denen sich die gestalterische Raffinesse mit der technischen Notwendigkeit zu neuen Ideen der Ufergestaltung verbindet. Wie schon früher angedeutet, dürfen Teiche im japanischen Garten keine geometrische Form besitzen, sie müssen vielmehr eine gewundene Uferlinie aufweisen, die den Teich unterschiedlich verengt oder erweitert.

Am einfachsten können natürliche Teichformen mit Hilfe von Folien hergestellt werden, die sich ohne weiteres zuschneiden und miteinander verschweißen lassen. Wichtig ist nur, daß die Folie höher als der zukünftige Wasserspiegel gezogen wird, damit kein Wasserverlust auftritt. Das Ufer kann mit Lehm oder großen Steinen befestigt werden. Für kleinere Wasserflächen eignet sich auch Beton gut als Baumaterial. Er hat den Vorteil, daß zur Gestaltung der Uferzone sowohl Natursteine als auch Betonelemente auflockernd im Wechsel verwendet werden können. Schön ist es, wenn die Uferlinie sanft ansteigt und mit runden Kieseln belegt wird, die sich möglichst weit in die Wasserfläche fortsetzen. Einzelne schöne Steine sollten aus der Wasserfläche aufragen. In das richtige Spannungsfeld gesetzt, kann ein einzelner ausgesuchter Stein einem kleinen Teich einen zusätzlichen Schwerpunkt geben. In Japan werden Bachsohlen und kleine, flache Teiche, in denen keine

In bizarren Formen gestaltet, beleben Kiesel die Wasserfläche. Dachgartenanlagen auf dem Personalrestaurant der Firma Ciba-Geigy, Basel.

Die natürliche Form dieses Vogelbeckens stellt ein Kleinod im Garten dar.

Pflanzen wachsen sollen, gerne mit runden Kieseln bedeckt, die den Reiz der Wasserfläche zusätzlich steigern. Diese Kieselflächen können auch mit größeren Steinen durchsetzt sein, die knapp bis an die Wasseroberfläche reichen und manchmal auch darüber hinausragen. Durch die Variation von Größe und Farbe der Kiesel kommt Leben in den Teich. Solche runden Kiesel können entweder direkt in den Teichboden einbetoniert sein, so daß nur ein Teil der Oberfläche reliefartig zu sehen ist, oder auch lose auf dem Betonuntergrund verteilt werden. Besonders schön geformte und gemusterte Findlinge lassen sich als Vogelbecken oder Schöpfstelle nutzen. Ideal ist es, wenn der Findling schon in seiner ursprünglichen Form eine natürliche Vertiefung aufweist, die mit Wasser gefüllt werden kann. Andernfalls kann ein Steinmetz eine kleine Mulde in den Stein formen, die der Gestalt des Steines angepaßt sein muß. Auffallend schön ist dies am obenstehenden Beispiel gelungen. Auf diese Art arrangierte Steine sollten nie für sich alleine stehen, sondern immer Anlehnung an eine höhere Pflanze oder einen anderen Stein finden. Hat das Becken eine liegende, horizontale Form, so paßt ein aufrecht wachsendes Gehölz sehr gut dazu.

Die Traufe

*Traufbereich zwischen
Haus und Terrasse.
Erwin u. Therese Bock,
München.*

*Unten:
Der Abtropfstein –
ein hübsches Detail,
das Wasser von Dächern
abzuleiten.*

In der Gestaltung von Traufrinnen haben sich im japanischen Garten viele schöne Details entwickelt. Von der Notwendigkeit und dem Zweck bestimmt, ergeben sich, an vielen Beispielen dargestellt, im Verbinden und Zusammensetzen verschiedener Materialien interessante Motive.

So kann ein einfacher Terrassenbelag, durch das Einfließen einer verbreiterten Kiestraufe einen besonderen Akzent erhalten. Auch schmale, mit unregelmäßigen Steinen gefaßte Rinnen, wie sie im japanischen Garten vorkommen, sollten uns dazu anregen, diese in vielen Gebäudebereichen unentbehrliche Einrichtung abwechslungsreicher auszubilden. Um vom Dach eines Gartenpavillons oder einer Laube das Regenwasser abzuleiten, mag das Abtropfseil, an dem von vielen japanischen Teehäusern das Wasser herabrinnt, beispielgebend sein.

An einem Seil, das an der Dachrinne befestigt wird, tropft das Regenwasser herunter auf den Boden. Zur Beschwerung wird am unteren Ende des Seiles ein Stein festgebunden, der fast auf dem Boden ansteht, um Spritzen und Plätschern zu vermeiden.

Auf diese Weise wird das Regenwasser einer hübsch ausgestalteten Mulde zugeleitet, die im Untergrund als Sickergrube ausgebaut ist. An der Oberfläche der mit Natursteinriemchen gefaßten Drainage befinden sich Sand oder feine Kieselsteine, die farblich auf die Einfassung abgestimmt sein müssen. Dieses Beispiel verdeutlicht, wie mit wenig Aufwand ein kleines, aber notwendiges Detail zu einem schönen Motiv werden kann.

Modellierungen

Durch eine geschickt angelegte Modellierung kann ein kleiner Gartenbereich optisch wesentlich erweitert werden. Zur Grenze des Gartens hin wird das Gelände stark aufgeschüttet und nach innen sorgfältig ausmodelliert, so daß die Grenzen der Anlage hinter der Aufschüttung verborgen liegen. Bäume und dichte Bepflanzung lassen einen abgeschlossenen Raum entstehen, ohne daß der Garten eingeengt wird. Im Gegenteil, ein überlegtes Arrangieren der Elemente vermittelt Tiefe und Räumlichkeit. Diese Methode bietet nach außen hin Schutz und Abschirmung und läßt im Innern den Garten größer und weiter erscheinen. Besonders in Anlagen, deren Betrachtung nur von bestimmten Plätzen aus möglich ist, wie zum Beispiel vom Wohnraum oder von der Terrasse, wirken sich Modellierungen nach dem japanischen Vorbild sehr günstig für den Gesamteindruck des Gartens aus. Akzentuiert gesetzte Pflanzen heben die räumliche Tiefe des Gartens hervor und vermitteln optisch eine Erweiterung der Anlage.

Diese geschickt angelegte Modellierung vergrößert den Gartenraum optisch. Erwin u. Therese Bock, München.

*Pflanzen und Steine in
natürlicher Harmonie.
Botanischer Garten,
Freiburg.*

Pflanzen und ihre Verwendung

Um im Garten Harmonie und Ruhe zu erreichen, ist das farbliche Zusammenspiel seiner Elemente von großer Bedeutung. Da der Garten, besonders wenn er in unmittelbarer Verbindung zum Wohnhaus steht, Einfluß auf die Stimmung des Menschen nimmt, darf er keinen unruhigen und verwirrenden Anblick bieten.

Die Einheitlichkeit, die im japanischen Garten zum Ausdruck kommt, das Spiel seiner Farben, und die Unauffälligkeit seiner Details, die sich harmonisch der Gesamtwirkung der Anlage einordnen, geben uns Anleitung, wie wir unseren Gärten Ruhe und Gehalt verleihen können. Eine abgestimmte Palette von Farbnuancen wie sie der japanische Garten in der Abstufung der Grüntöne zeigt, vermag der Gesamtanlage mehr Ausdruck zu geben als harte Kontrastwirkungen. Das soll aber nicht bedeuten, daß unsere blühenden Stauden und Sträucher aus dem Garten verbannt werden sollen, sondern vielmehr, daß farbliche Abstufungen und gut ausbalancierte Akzentuierungen, zum Beispiel durch besondere Blütengehölze von größerer Wirkung sind als unkontrolliert verteilte Farbkleckse. Vor allem der moderne Mensch ist ständig den farblichen Reizen seiner Umwelt ausgeliefert und vom dauernden Wechsel bunter Reklamewirkungen schon so abgestumpft, daß er sich zum Ausgleich nach dem Einklang ruhiger Farbtöne sehnt.

Dieser Einklang läßt sich erreichen, wenn das farbliche Grundgerüst des Gartens durch Grüntöne bestimmt wird, die in sich stark variieren können. Blütengehölze und Stauden sollten dann so gezielt verwendet werden, daß sie dem Gartenraum während der Blütezeit einen ganz besonderen Charakter verleihen. Von großer Bedeutung sind Laubgehölze mit stark ausgeprägter Wuchsform, möglichst in Verbindung mit schönem Blattwerk und intensiver Herbstfärbung, wie die berühmten japanischen Ahorn-Arten. Diese Gehölze müssen immer losgelöst vom Hintergrund als Solitärgehölz alleine stehen und sollten wirklich nur dann verwendet werden, wenn der Ort, an dem sie zu stehen kommen, genau auf sie zugeschnitten ist und ihren Charakter unterstreichen hilft.

Auch darf die räumliche Wirkung der Pflanzen nicht unterschätzt werden. Vor allem kleine Gartenräume können durch

Raumbildung durch geeignete Pflanzen wie Japanischer Ahorn. Jörg Herkommer, Stuttgart.

*Nur zwei Baustoffe be-
stimmen diesen harmoni-
schen Gartenraum: Holz
als Bodenbelag und
Bambus als raumbildne-
risches Element.
Grün 80, Basel.*

gezieltes Anordnen der Pflanzung – im
Vordergrund ein eigenwilliges, niedriges
Gehölz, im Hintergrund starke Grün-
struktur – optisch vergrößert werden.
Pflanzen auf diese Weise als Raumbild-
ner einzusetzen, sollte man viel öfter versuchen.

Eine andere Form der Raumbildung mit
Pflanzen ist die geschnittene Hecke. Einmal kann sie zur Begrenzung des Gartens
genutzt werden und Sichtschutz bieten,
zum anderen kann man niedrig geschnittene Hecken sehr gut auch als Vorder-
grundmotiv verwenden, um den Garten
größer erscheinen zu lassen. Besonders
eindrucksvoll wirkt eine regelmäßige
niedrige Hecke, die der dahinterliegenden Landschaft als Rahmen dient.
Räumlich versetzte und gestaffelte Hek-
ken steigern den Erlebniswert eines Gartens, weil sie Räume schaffen, die nicht
auf den ersten Blick voll erfaßt werden
können, sondern deren eigentliche Größe
nur erahnen lassen. In Höhe und Versatz
gestaffelte Hecken sind durchaus geeignet, einen Gartenraum nach außen hin
optisch zu vergrößern.

Eine Hecke muß nicht unbedingt nur aus
einer Pflanzenart bestehen. Gerade die
aus verschiedenen Pflanzenarten zusammengesetzten Hecken können zu einem
reizvollen Element des Gartens werden.

131

*Pflanzen und Wasser ver-
mitteln einen naturnahen
Eindruck.
Dachgartenanlagen auf
dem Personalrestaurant
der Firma Ciba-Geigy,
Basel.*

Doch sollte man vermeiden, immergrüne
Arten mit laubabwerfenden Pflanzen zu
vermischen. Es eignen sich vor allem Immergrüne wie Kirschlorbeer, Eiben, *Ilex,
Pyracantha, Berberis* und *Pieris floribun-
da* zum Pflanzen einer gemischten Hek-
ke. Die in sich verschwimmenden Farb-
strukturen sind sehr ausdrucksvoll.
Eine Sonderstellung bei der Pflanzenver-
wendung nimmt die flächige Pflanzung
mit Bodendeckern ein. Durch den konse-
quenten Gebrauch von bestimmten
Pflanzenarten kann der Ausdruck eines
Gartens zusätzlich gesteigert werden.
Selbstverständlich würde es in unseren
Breiten nur mit allergrößter Mühe mög-

lich sein, die herrlichen Moosteppiche
der japanischen Gärten zu erhalten.
Es gibt aber durchaus Möglichkeiten,
auch in unseren Gärten charakterstarke
Pflanzen zur Flächenbedeckung einzusetzen. Herrlich sind im lichten Schatten bei
genügender Bodenfeuchtigkeit Farne wie
Wurmfarn, Frauenfarn oder Rippenfarn.
Flach wachsende *Cotoneaster*, aber auch
Gräser wie *Luzula-* und *Carex-*Arten eignen sich besonders in Verbindung mit
Trittplatten zur Bodendeckung.
Eine Besonderheit der japanischen Gärten sind flächig gepflanzte Azaleen, die
regelmäßig geschnitten werden – sicherlich auch für uns ein reizvoller Aspekt.

*Einfache, jedoch
gelungene Gestaltung mit
Natursteinen und Farnen.
Botanischer Garten,
Freiburg.* ▸

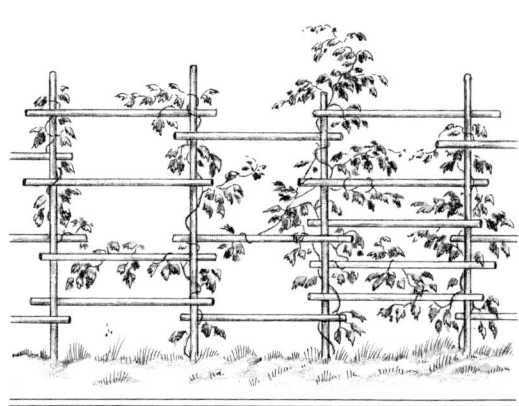

Die Einfriedung

Da es heute durch die immer höher werdenden Grundstückspreise und die zunehmende Verknappung des Baulandes kaum noch möglich ist, große Gärten anzulegen, müssen die wenigen Grünflächen, die übrig bleiben, voll ausgenutzt werden. Um diese Bereiche bei der dichten Siedlungsweise der modernen Städteplanung gegen Einflüsse von außen zu schützen, ist man meist dazu gezwungen, den Garten einzufrieden.

Doch Mauern, Hecken und Zäune sollten nicht als Störfaktoren wirken, die den Garten einengen, sondern gestalterisch zu ihrem Vorteil eingesetzt werden. Wie an einigen Beispielen erläutert wurde, verstand es die klassische japanische Gartenkunst, mit ihren von Mauern und Hecken umgebenen Gärten besonders harmonische Schöpfungen hervorzubringen. Ihre Anlage war auf die Einfriedung als rahmendes Element ausgerichtet.

Ein Zaun, eine Hecke oder eine Mauer müssen nicht durch Pflanzungen verdeckt und kaschiert werden, sondern sollten bewußt den Rahmen oder den Hintergrund einer Gestaltung darstellen. So können auch hier gestalterische Form und Zweckdienlichkeit miteinander verknüpft werden.

Mauern und Zäune lassen sich zur Gliederung und Raumbildung verwenden und machen es möglich, im Garten einen tiefenhaften Eindruck herzustellen. Die funktionsbedingte Existenz der Einfriedung wird damit zum künstlerischen Motiv, das bewußt in die Planung miteinbezogen werden muß.

Beispiele für Zäune:

Abgeschrägtes Sichtschutzelement (oben).

Leichter, gliedernder Zaun (Mitte).

Kurzzaun (unten).

Die Mauer als Einfriedung und Rahmung. Grün 80, Basel.

Mit sicherem Gefühl angelegt, ergänzen sich Einfriedung und Garten.

Gerade Mauern können, richtig eingesetzt, gleichzeitig als Einfriedung und als raumbildendes Element wirken. Soll die Mauer auch sichtbar gliedernd sein, muß auf eine entsprechende handwerkliche Ausführung des Mauerwerks Wert gelegt werden.

Ein Element, das in der japanischen Gartenkunst häufig verwendet wird, ist der Kurzzaun. Er hat als Bindeglied zwischen Haus und Garten zu wirken, sowie als Sichtblende in bestimmten Bereichen und dient gleichzeitig als Hintergrundmotiv für ein Wasserbecken. Dieses Element könnte gerade in unseren Reihenhausgärten von Bedeutung sein. Vielfach werden die ohnehin schon kleinen Gärten durch Drahtzäune nach allen Seiten eingefaßt. Es entsteht eine Aufreihung von handtuchartigen Grünflächen ohne Verbindung. Dagegen wäre es anzustreben, wenigstens optisch eine räumliche Beziehung der Flächen herzustellen. Dem Wunsch, im Sitzplatzbereich einen

Zusammenspiel verschiedener Mauerstrukturen. Grün 80, Basel.

Einfacher Holzzaun in Verbindung mit einer geschnittenen Hecke.

Tiefe und optische Erweiterung vermittelt eine Einfriedung, wenn die dahinterliegende Landschaft in den Garten mit einbezogen wird.

Schutz zum Nachbarn zu haben, wird durch die Erstellung von Sichtschutzmauern entsprochen. Allerdings sind diese Sichtschutzblenden meist nur auf die Funktion, Belästigungen von nachbarlicher Seite auszuschließen, ausgerichtet. In diesem Bereich würden die Gestaltungsabsichten, wie sie der japanische Kurzzaun vorsieht, von großem Vorteil sein. Das Element soll nicht nur als Schutzwand betrachtet werden, sondern auch als harmonische Verbindung zwischen Haus und Garten wirken und zusätzlich ein Hintergrundmotiv für eine Plastik oder ein Wasserbecken werden. Ebenso kann der abgeschrägte Zaun bei uns ein interessantes Gestaltungselement darstellen. Er ist ein Mittel zwischen Trennung und Verbindung, und kann deswegen in vielen Bereichen zur Verwendung kommen. Im Gebäudebereich erhält er eine Höhe, die ihn als Sichtschutz nutzbar macht, während er nach außen gegen den Garten langsam nach unten abgeschrägt verläuft. Im niedrig verlaufenden Zaunbereich müssen, akzentuiert gepflanzt, schöne Bäume und Sträucher sichtbar sein. Auch ein Gartenpfad kann so ins Blickfeld gerückt werden, daß die Tiefe des Gartens spürbar wird. Ein abgeschrägter Zaun, der sich zwischen Gartenteilen wie Eingangsbereich und Wohngarten befindet, ermöglicht eine Markierung der Bereiche, ohne daß eine echte Trennung entsteht. Damit erreicht man eine Gliederung, die optisch die Verbindung in weitere Gartenteile darstellt. Diese Art von Durch- und Einblickmotiv ermöglicht eine großzügige Gestaltung.

Besonders interessant wirkt ein einfacher Holzzaun in Kombination mit einer geschnittenen Hecke. Ein Motiv, das an die japanischen Gärten erinnert, in denen an Bambusflechtzäunen Buschwerk hochgezogen wird. Vor allem Bambus oder auch immergrüne geschnittene Pflanzen stellen durch ihre Blattstruktur harmonische Gefüge zwischen Pflanzen und gebautem Material dar.
Ob die Pflanzung nun freiwachsend in filigranen Ästen über den Zaun oder die Mauer hinausragt oder ob sie exakt beschnitten einen Rahmen bildet – immer ergibt sich ein ausgewogenes Verhältnis. Geeignet sind hierfür besonders Pflanzen mit ausdrucksvollem Blattwerk wie verschiedene *Sinarundinaria*-Arten.

Die Landschaft als bewußt in die Gestaltung der Anlage mit einbezogene Szenerie. Kriegsgräberstätte München-Waldfriedhof.

Bei der Einfriedung eines Gartens sollte man grundsätzlich darauf achten, daß die umgebende Landschaft, soweit dies möglich ist, in den Garten einbezogen wird. Läßt man eine optische Abgrenzung ganz entfallen, weil dies die Umstände zu erlauben scheinen, tritt durch den nahtlosen Übergang vom Garten in die freie Landschaft oft ein Gefühl der Unsicherheit und Verlorenheit auf. Besser dagegen wäre es, die Landschaft bewußt als gestaltende Szenerie in das Gartenbild mit einzuflechten.

Eine maßstabsgerechte verwendete Mauer oder Hecke, wie sie im japanischen Garten verwendet wird, bildet den Rahmen und gibt dem Ausblick Halt. In diesem Fall ist es erforderlich, die Gesamtgestaltung des Gartens auf die Mitwirkung der Umgebung abzustimmen. Man »leiht« sich einen Teilausschnitt der Natur, um ihn zu einem Gestaltungsobjekt werden zu lassen. Die Kulisse der Landschaft, ob es sich um einen Wald oder eine Berglandschaft handelt, wird damit zu einem Element des Gartens.

Das Gebäude im Garten

Auch in der modernen Architektur und Gartengestaltung sucht man nach der Verbindung zwischen Haus und Garten. Eine echte Verknüpfung kann jedoch nur entstehen wenn Haus und Garten auseinander resultieren und ihre Elemente als Bindeglieder wirken.
Die Verbindungsmöglichkeit zwischen Architektur und Garten sollte ein entscheidendes Planungskriterium sein. Wichtig ist, den Garten so zu gestalten, daß verschiedene Räume entstehen, die vom Wohnraum oder der Terrasse aufnehmbar sind, jedoch den übrigen Teil verbergen.
Gerade der Bereich, der in unmittelbarem Bezug zum Gebäude liegt, sollte mit besonderer Sorgfalt behandelt werden, um einen harmonischen Übergang herzustellen. Das Einfließen von Naturelemen-

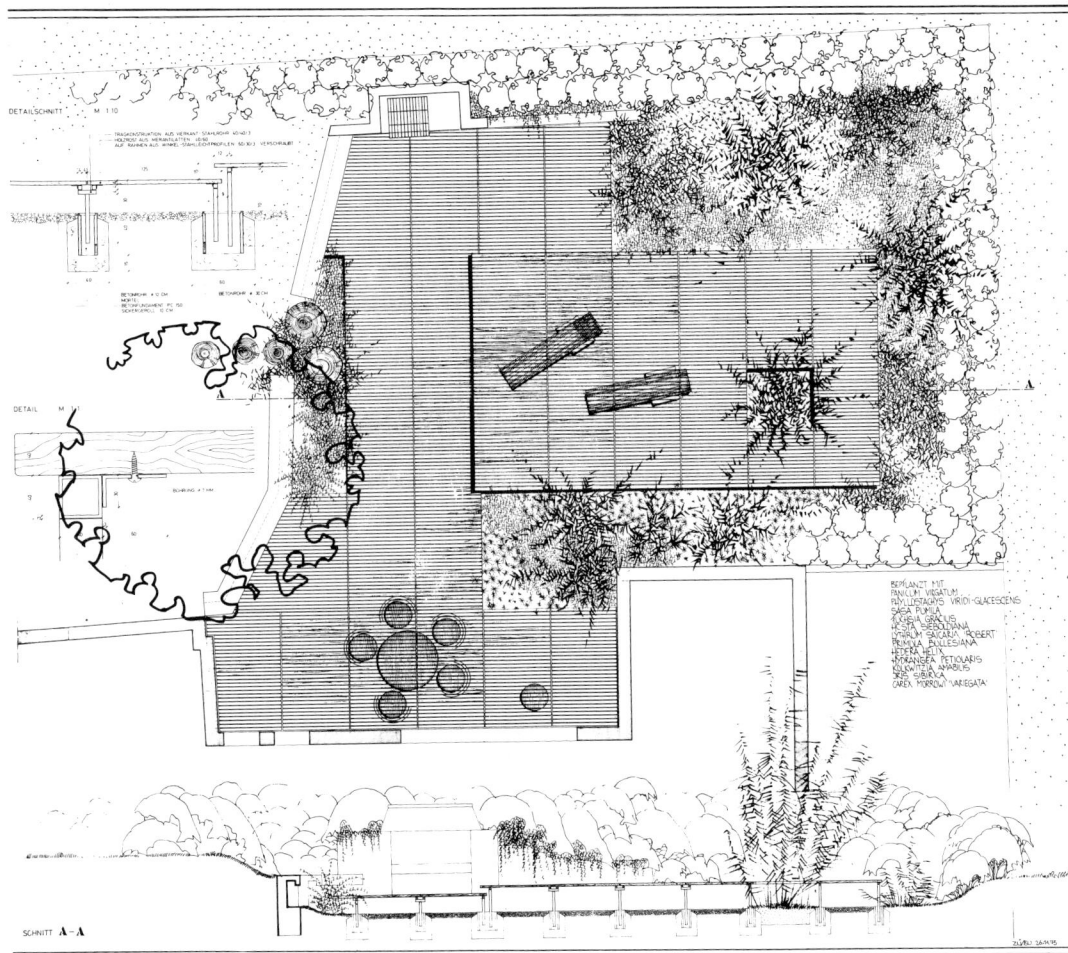

Mit geeigneten Gestaltungsmitteln lassen sich Haus und Garten miteinander verbinden.

Gepflasterter Naturstein-
belag mit Rasenfugen.

Die Balkenkonstruktion
des Hauses fließt in den
Garten ein.
Jörg Herkommer,
Stuttgart.

Detail zu oben.

ten wie Wasser oder Pflanzung kann bei Terrassen- oder Verandaflächen eine zusätzliche, vorteilhafte Gliederung bringen. Der japanische Garten zeigte uns in der Verbindung zwischen Haus und Garten viele eindrucksvolle Beispiele, die auch bei uns Beachtung finden sollten.

Der gepflasterte Terrassenbelag mit Rasenfugen erinnert trotz seiner Regelmäßigkeit stark an japanische Motive.

Die Holzkonstruktion des japanischen Wohnhauses, die auf großen, schweren Steinen gelagert wird, könnte Vorbild für die abgebildeten Balken gewesen sein, die, als Verlängerung des Daches, Haus und Garten miteinander verbinden.

Literaturübersicht

Condor, Josiah:
Landscape Gardening in Japan, New York
(1964)

Hayakawa, Masao:
The Garden Art of Japan, New York/Tokyo
(1973)

Henning, Karl:
Japanische Gartenkunst – Form, Geschichte,
Geisteswelt, Köln (1980)

Illik, Drahomir:
Japanische Architektur, Prag (1970)

Mori, Osamu:
Typical Japanese Gardens, Tokyo (1962)

Morton, W. Scott:
Japan – Geschichte und Kultur. Das Inselreich
in Tradition und Fortschritt, München (1970)

Schaarschmidt-Richter, I.:
Japanische Gärten, Baden-Baden (1977)

Shigemori, Kanto:
Japanese Gardens, islands of Serenity, Tokyo
(1971)

Toshitsuna, Tachibana no
›Saku-tei-ki‹ in English, Kyoto (11. Jh.)
übersetzt von Komio Kondoh (Nara Women's
University).

Übersicht der Gartenarchitekten, soweit bekannt:

Bödeker, Richard (Düsseldorf) 92, 117o

Frentz, Helmer Raitz von (Krefeld-Linn) 89,
    105, 107, 117 u, 123 o, 126, 136, 137

Hagel, Jo (Biberach-Mettenberg) 106 o, 109,
    111, 112, 115 u, 116

Harbauer, Volker Fleig-Harbauer, Gisela,
    (Waldkirch-Suggental) 93, 95, 99

Heise, Herbert (Frankfurt) 93 u, 94
    (Planphotographie R. Göllner), 119 r

Herkommer, Jörg (Stuttgart) 98, 130, 140,
    141

Leitzmann, Peter (München) 115 o

Mueller, Wolfgang R., Gregor Schmitz
    (Willich) 118 o

Laugl, Max (München) 96, 97, 106 u, 108,
    124, 127 o, 128

Schönholzer, Paul (Basel) 100, 101, 125, 132

Zürcher, Adolf (Oberwhil-Zug) 139

Aufsätze

Hearn, Lafcadio:
›Izumo‹ in Friedrich Georg Jünger.
Gärten im Abend- und Morgenland, München
u. Esslingen (1960)

Nakajima, Ken:
Japanese Gardens, Tokyo (1959)

Shimoyama, Shigemaru:
The Spirit of the Japanese Garden, Tokyo

Tokyo Metropolitan Government
Famous Gardens, Tokyo (1971)

Die Zeichnung S. 97 wurde aus der Zeitschrift:
›Garten- und Landschaft‹, Callwey Verlag,
München, Heft Nr. 7, 1965 entnommen.

142

Stichwortregister

Mehr Blumenfreude durch BLV Bücher

Nobukichi Koide/
Saburo Kato/
Fusazo Takeyama

Bonsai

Freude an japanischen Zwergbäumen

Das Buch gliedert sich in eine allgemeine Einführung,
Kapitel über die Bonsai-Stile, die verschiedenen Anzucht-Methoden
und ihre Technik, Vermehrung, Pflege und Gruppenpflanzungen.
Dazu Tabellen mit den wichtigsten Angaben für Anzucht und Pflege.

5. Auflage, 128 Seiten, 24 Farbfotos, 162 Schwarzweißfotos,
21 Zeichnungen

Toshio Kawamoto

Saikei

Miniaturlandschaften mit japanischen Zwergbäumen

Saikei ist die Erweiterung und Bereicherung der Kunst,
mit Zwergbäumen Miniaturlandschaften zu gestalten.
Ein Lehr- und Meisterbuch für Bonsai-Freunde, die zugleich
anspruchsvolle Ästheten und geschickte Praktiker sind.

132 Seiten, 32 Farbfotos, 186 Schwarzweißfotos,
128 Zeichnungen

Ursula und
Paul Wegener

Ikebana – faszinierende Blumenkunst

Geschichte, Entwicklung, philosophische Bedeutung,
die verschiedenen Lehren und unterschiedlichen Stilrichtungen
bis heute.

2. Auflage, 144 Seiten, 43 Farbfotos, 77 Schwarzweißfotos,
163 Zeichnungen und Skizzen

 BLV Verlagsgesellschaft München